양말 긴 거,
감자,
고구마,
콩나물 국밥

양말 긴 거,
감자,
고구마,
콩나물 국밥

황민혁 지음

엄마와의 이별이 내게 남긴 것

컨셉진

■

프롤로그

요즘 세상에 사진을 앨범으로 간직하는 사람이 얼마나 될까. 다음 세대, 아니 다음 세대라는 말은 좀 이상하다. 세대가 대나무 마디처럼 뚝뚝 나누어져 있는 것도 아닌데…. 그냥 사진 앨범을 본 적이 없는 세대라고 하면 되겠다. 앨범을 본 적이 없는 세대들은 어디에 꽂혀있든지 눈에 띄는 그 두께와 크기, 묵직함이 주는 설렘을 모르겠지. 나 역시 어릴 적 사진이 담긴, 그러니까 부모님이 만드신 우리 가족의 앨범 이후로 스스로 앨범을 만들어 본 적이 없다. 내게 앨범이란 디지털화되지 않은, 조금은 찾기 불편한 기억들의 집합이자 정확한 기억이 없는 내 어린 시절과 내가 알지 못하는 부모님의 젊음이 묻힌 아카이브다. 아카이브의 대부분이 잊으면 안 될 기억을 모아놓은 것임에도 불구하고 잘 보지 않게 된다. 또한 가끔 확인할 때에도 아주 단편적인 부분들만 확인하고 다시 집어넣게 된다. 이러한 아카이브의 특성 중 재미있는 점은 새로운 정보가 추가되는 일이 흔치 않음에도 불구하고 가끔 새로운 내용, 미처 알지 몰랐던 사실들을 발견할 수 있다는 것이다.

이번에 엄마의 학창시절을 담은 앨범을 보게 된 일도 새로운 발견 중 하나였다. 엄마가 돌아가신 후 정리차 지하실에 내려갔다가 기억에 없는 앨범을 보게 되었다. 집에 있던 앨범들은 대부분 알고 있었는데, 어디서 나온 것일까? 아빠의 공군 생활을 담은 붉은색의 앨범, 요즘도 유행인지 모르겠지만 한때 많이 찍었던 부티나는 털가죽이 덮인 의자에 날 발가벗겨 놓고 찍은 사진이 첫 장에 크게 붙은 앨범, (그때 난 뭐가 그리도 행복한지 발가벗고도 활짝 웃고 있다.) 클리어 파일처럼 한 면에 세 장씩 안쪽에서 바깥쪽으로 끼우는 앨범, 접착성이 있는 면에 붙은 비닐을 떼어 사진을 붙이는 앨범 등 분명 집에 있는 앨범은 모두 알고 있다고 생각했다. 앨범은 시험기간에 공부하기 싫을 때, 의자에 등을 비스듬히 누이고 책장과 천장 사이 어딘가를 멍하니 보다 보면 눈에 들어오는 그런 존재였다. (지금의 시간 때우기용 SNS처럼) 일 년에 분기별로 있는 시험기간마다 공부는 매번 하기 싫었기에 대부분의 앨범은 이미 여러 번 보았다. 그런데 새로운 앨범이라니.

앞서 말했듯이 아카이브에 새로운 자료가 추가되는 일은 흔치 않은데, 이 앨범은 도대체 어디서 나타난 걸까. 그것도 엄마가 돌아가신 지 얼마 지나지 않은 지금 보이다니…. 만약 이 집이 엄마가 어릴 때부터 쭉 살아오신, 엄마의 추억이 곳곳에 켜켜이 쌓인 공간이라면 모르겠지만 우리는 2015년 10월쯤 이사했다. 분명 이사도, 지하실 정리도 함께했는데, 엄마의 앨범은 갑자기 어디서 나타난 것일까. 동생은 알 리가 없고 (동생이 발견했다면 가지고 올라왔을 텐데, 아직 보지도 못 했나 보다.) 아빠도 처음 보신 것 같고, 엄마에게 여쭤볼 수는 있으나 답변을 받으려면 좀 걸릴 것 같다.

궁금증을 뒤로 하고 펼쳐본 앨범의 맨 앞 장엔 엄마의 18번째 생일을 축하한다는 말과 함께 "정말 너를 좋아해 정말… 증말… 참말…"이란 글귀가 적혀있었다. 37년 전의 학생들도 지금과 별다를 바 없구나 싶었다. 과연, 엄마의 학생 때 모습은 어땠을까? 궁금했다. 내가 본 엄마의 사진 중 가장 오래된 것은 엄마가 초등학생일 때 외할머니와 함께 깻잎을 따는 모습이었다. 그다음으로 오래된 사진은 체육을 전공하신 뒤 어린이 스포츠단으로 실습을 나간 엄마의 모습을 담고 있었다. 그 사이의 사진은 본 적이 없었다. 보통 사이즈의 앨범을 세로로 절단한 듯한 길쭉한 모양새를 가진 앨범의 첫 장이 조금 빠르게 그러나 힘 없이 '틱' 소리를 내며 넘어가자 엄마의 학창시절 모습이 나타났다.

엄마는 친구들과 유원지 같은 곳에 놀러가신 것 같다. 그런데 엄마의 얼굴에는 미소가 보이지 않았다. 다른 친구들은 신나 보이는데 왜 엄마는 그렇게 보이지 않을까. 혹시 당시에 저런 표정을 지었던, 닮고 싶었던 롤모델이 있었나? 사람들은 인생을 살아가면서 많은 것에 영향을 받지 않는가. 비록 그게 남이 보기엔 신경도 안 쓰일 정도로 사소하거나 의아함이 드는 것일지라도 말이다. 처음엔 엄마의 표정이 의도된 것이 아닐까 싶었다. 그런데 몇 장을 넘기다 보니 엄마의 표정이 담고 있는 건 불안이라는 생각이 들었다. 엄마에게 확인받을 수 없으니 확신할 수는 없지만 그렇게 가정하고 나니 사진 속 엄마의 표정들이 이해가 되는 듯했다. 내 기억 속의 엄마는 겁이 조금 많고 잘 놀라지만 웃음이 많고 밝은 분이셨다. 그런데 그게 사실 동생과 나 그리고 아빠를 위한 것이었다면? 혹은 어릴 땐 아니었지만 자라면서 바뀌신 거라면? 전자의 경우 엄마가 우리 앞에서만 밝으신 건 아니었기에 아닐 가능성이 크지만 엄마는 우리 앞에서 항상 당당한 모습을 보이려 하셨다는 건 알 수 있었다. 후자의 경우가 좀 더 가능성이 큰데, 고등학교를 졸업하고 대학에 가고 아빠를 만나면서 바뀌신 게 아닐까 싶다. 아빠와 엄마는 두 분이 각각 21살, 20살 때 만나 7년을 연애한 후 결혼하셨다. 성년이 된 이후의 삶에 서로 적지 않은 영향을 미치셨을 것이다.

과정이야 어찌 되었든 '엄마는 원래 불안이 많으신 분이 아닐까?'라는 생각에 투병 기간 얼마나 무서우셨을까 마음이 아팠다. 그리고 내가 제대로 엄마를 도와드리지 못했다는 죄책감에 무거운 추가 누르는 듯 답답하다.

*

엄마는 3월 초에 폐암 진단을 받으셨다. 그해 찾아온 봄을 마지막으로 먼 곳의 봄을 찾아 떠나셨다. 이건 엄마의 마지막을 지키던 나와 우리 가족들의 지극히 사적인 이야기다.

흔히 가족을 가장 작은 사회라고 한다. 사람 사는 게 다 거기서 거기지 싶으면서도 100개의 가족엔 100개의 규칙이 있다. 어디 규칙뿐인가. 서로를 부르는 호칭, 별명도 다 제각각이다. 내 동생의 경우 땡칠이라는 별명이 있었다. 아빠가 동생에게 땡칠이라고 부르면 엄마는 꼭 "왜 땡칠이라고 그래. 우리 똘똘이한테"라고 하셨다. 그러나 나는 동생을 땡칠이로도, 똘똘이로도 불러본 적 없다. 그저 "야"라고 불렀을 뿐. 엄마의 경우 가끔 '종합병원'이라는 별명으로 불리곤 하셨다. 그만큼 자주, 이곳저곳이 아프셨다. 참 다양하게도 아프셨다. 배가 자주 아프셨고 체하기도 잘 하셨다. 팔에 오십견이 와서 한참을 고생하신 적도 있다. 좋아하는 운동도 못 하고 아파하셨다. 감기몸살은 다반사였다. 한 번은 이석증이 와서 입원치료도 받으셨다. 그래도 항상 모든 걸 이겨내고 웃으셨다. 아직도 잊지 못하는 기분 좋아지는 톤의 밝은 웃음소리와 함께.

그래서 엄마가 암 진단을 받으셨어도 돌아가실 거라고는 생각하지 않았다. 고생하고 계시지만 언젠가 다 나으실 거란 생각을 당연하게 했다. 엄마가 폐암과 싸우실 때 안 좋은 생각을 하기보다는 좋은 생각을 하는 게 맞지만, 나는 그저 현실감이 없었던 것 같다. 언제나 괜찮아지셨으니 이번에도 괜찮아지시겠지 한 거다.

엄마가 얼마나 아프고 두려우신지, 조금이라도 더 이해했다면 어땠을까? 살아오면서 창피한 일이 많았고 앞으로 얼마나 더 창피한 일이 많을지 모르지만, 나는 엄마의 아픔을 안일하게 생각했던 내 모습을 가장 한심하고 부끄럽게 생각할 것이다.

*

한심한 바보에게 슬픔이 크게 덮쳐 왔다. 어쩌면 난 슬픔을 모른 척하기 위해 과한 긍정을 끌어왔고 현실을 곧이곧대로 받아들이지 않은 것일지도 모르겠다. 좋은 방법은 아니었다. 현실감은 현실감대로 잃어버리고 슬픔은 줄어들지 않은 채 더 큰 덩어리가 되어 방심한 사이 날 덮쳐왔다. 그럴 때마다 기록했다.

엄마가 아프신 동안 나는 다신 못 느낄 슬픔을 겪었고 틈나는 대로 이곳저곳에 기록했다. 사진으로 남기기도 하고 노트에 적기도 하고 스마트폰에 남기기도 했다. 처음의 의도는 나중에 엄마가 다 나으셨을 때, 쌓인 글들과 사진을 가족과 함께 돌아보며 '그때 우리 정말 수고했구나'라고 격려하기 위해서였다. 그러나 조금씩 모은 글과 사진들은 누구에게도 보여줄 수 없는 대외비가 되어버렸다. 사진의 경우, 가족들은 내가 얼마나 찍어왔는지조차 모를 것이다. 알고 찍힌 것도 있지만, 자는 동안 모르고 찍힌 사진도 꽤 많은데 다들 모르고 있다. 나만 보는 사진. 글의 경우 노트, 메모장, 컴퓨터 등 곳곳에 퍼져 있어 정리되지 않은 채 뒤죽박죽인 상태다. 무엇보다 글과 사진을 본 가족들이 다시 엄마를 그리워하며 힘들어

할까 봐 아직은 보여주지 못하겠다. (이건 나의 잘못된 생각일까? 사실 다른 가족들은 나와 달리 다 괜찮아져서 엄마 사진을 보고 싶어할지도 모른다.) 그래도 더 늦기 전에 혼자서 글이라도 정리해 보려 한다. 나 아닌 누군가에게 언제 공개될 지는 모르겠지만…. 나도 모르는 사이에 뭘 기억하고 있었는지조차 잊어버리기 전에, 잊지 않기 위해 글을 쓰기로 했다.

이제는 글의 용도가 달라졌다. 언젠가 기쁨을 주기 위한 글들이었는데, 지금은 슬픔을 되짚는 글이 되었다. 처음에 이름 붙인 건 엄마의 투병기가 아닌 회복기였지만 결국 다시 투병기가 되어버렸다. 결말을 알고 글을 정리해 나가는 게 씁쓸하다. 그래도 나는 이걸 정리해야만 한다. 좀 더 살아보기 위해.

■

2017.03.14.

엄마의 검사 결과가 나오는 날이었다. 지난주에 나올 줄 알았는데 미뤄졌다. 함께 가고 싶지만 9시부터 4시까지 수업이 있어 불가능했다. 아빠가 연차를 쓰시고 결과를 들으러 함께 가시기로 했다.

오후 수업 전, 결과가 어떻게 나왔는지 걱정이 되어 아빠에게 전화를 걸었는데 받지 않으셨다. 결과가 심각해서 전화를 안 받으시는 거라는 생각은 들지 않았다. 걱정은 되지만 괜찮겠지 하는 마음이었다. 검사 결과 말고 전화를 걸었던 다른 이유도 있었는데 기억이 나지 않는다. 설계 수업이 시작되었고 학기 초라 빡빡하진 않다는 생각을 하며 수업을 들었다. 수업 도중 진동이 울려 보니 아빠로부터의 부재중 전화가 남아있었다. 전화받을 상황이 아니라 메신저로 결과를 여쭤봤는데, '안 좋아, 저녁에 이야기하자. 일찍 와'라고 하셨다. 동생 S에게도 전해달라고 하셨다. (나중에 알게 된 사실인데, 이때는 1차 진료 후 6시의 2차 진료를 기다리며 충무로에서 식사하시는 중이셨다고 한다.) 안 좋다는 메시지를 받으니 수업이 귀에 들어오지 않았다. 언제 짬이 날까 눈치를 보다가 쉬는 시간이 되자마자 전화를 하러 나갔다. 아빠가 받지 않으셔서 엄마에게 전화하니 곧 받으셨다. 엄마에게 결과를 묻기 어려워서 아빠를 바꿔 달라 하고 아빠에게 여쭤봤는데 메신저에서 말씀하신 그대로 말씀하셨다. 이따 밤에, 집에서 얘기하자고 하셨다. 옆에 계신 엄마를 생각하셔서 그렇게 말씀하셨을 것이다. 나는 엄마에게 묻기 어려워하면서 엄마 옆에 계신 아빠에게 들으려 했다. 두 경우 모두 엄마가 스트레스받는 건 마찬가지일 텐데… 조금 더 불안해졌다.

*

수업이 일찍 끝났다. 5시 조금 전에 나와 151번 버스를 탔다. 버스를 타러 가면서, 며칠 미뤄왔던 봄맞이 자전거 바람 넣기를 해야겠다고 생각했다. 엄마의 2차 진료는 6시 예정이니 7시는 넘어야 집에 오시겠지 싶어, 일찍 집에 가면 엄마, 아빠가 오시기 전에 바람 넣을 시간적 여유가 충분하다고 생각했다. 버스를 타고 집으로 가는 중에 암 센터 앞 정류장에 도착하니 6시였다. 그냥 나도 엄마가 진료받는 곳으로 가야겠다 싶었다. 진료 대기 장소에 도착하니 엄마가, 수업이 더 일찍 끝난 S가 와있다고 하셨다. 다만 화장실에 갔는지 보이지 않았다.

엄마의 표정이 밝아서 엄청 심각하진 않구나 싶었다. 얼마 안 돼서 S가 돌아왔고 나는 엄마 옆에 앉아있다가 잠이 들었다. 아주 짧은 잠을 잤는데, 깨어보니 엄마가 울고 계셨다. 내가 해드릴 수 있는 일은 손을 잡아드리는 것밖에 없었다. 엄마는 곧 괜찮아지셨다. (2년이나 지난 지금도, 당시에 쓴 글을 읽으며 엄마의 손을 잡은 기억을 떠올리면 엄마 손의 촉감과 크기, 따스함 혹은 차가움이 느껴진다. 손 모양을 손을 잡는 것처럼 만들면 실제로 손을 잡은 것으로 착각할 정도로.)

6시로 예정된 진료는 앞 사람 진료부터 조금씩 밀려 6시 30분이 되어서야 엄마의 차례가 되었다. 아빠는 잠깐 어디를 가셨고 나와 S만 함께 있었다. 전화를 드리니 아빠도 곧 오셨다. 온 가족이 모여 진료실에 들어가길 기다리고 있었는데, 엄마가 우셨다. 아빠가 엄마의 왼쪽, S가 오른쪽, 나는 S의 오른쪽에 앉아있었다. 어떤 결과가 나올지 모르는 이 상황이 잘 와닿지 않았다. 조용히 스마트폰으로 가족들의 뒷모습을 찍었다. 다른 사람은 봐도 모를 우리 가족의 슬픔을 기억하고 싶었다. 엄마는 다시 괜찮아지셨고, 진료를 보러 다 같이 들어가기로 했다. 처음엔 S와 나는 밖에서 대기하기로 했었는데, S가 본인도 듣고 싶다고 해서 온 가족이 들어가게 되었다. S는 가끔 나보다 어른스럽다.

*

엄마의 담당 의사 선생님은 아빠 회사의 헬스케어 시스템에서 추천해준 분인데 아빠가 듣기로는 친절하다고 하신다. 두 달 전, 할아버지께서 암 진단을 받으실 때의 담당 의사 선생님은 불친절했고, 엄마는 당신도 그런 의사를 만나면 어쩌나 걱정하셨다. 나도 중학교 때부터 고등학교 때까지 천식 치료를 받으러 달에 한 번은 꼭 외래진료를 받았다. 외래진료의 경우 교수님은 가끔만 진료하고 보통은 레지던트 선생님들이 진료를 보곤 했다. 교수님에게 진료받는 것이 더 정확할 가능성이 높지만 나는 그 분의 진료가 싫었다. 상대적으로 더 불친절하고 마치 아무것도 아니란 듯 사무적으로 진료를 보는 게 싫었다. 본인의 스트레스를 숨기지 못했던 걸까. 환한 웃음을 바라는 것도 아니었는데…. 엄마의 담당 의사 선생님은 친절한 분이라는 말에 왠지 좋은 결과를 들을 수 있을 것 같은 기대가 생겼다. 하지만 결과는 좋지 않았다.

엄마의 병명은 폐암이었다. 세 명 중 한 명만 살아남는다는 무서운 암. 그런 무서운 병이 엄마에게 와있었다. 폐에 만족하지 못하고 척추로, 뇌로, 림프샘으로 전이되었다고 한다. 폐암 4기였다. 척추의 전이 상태가 가장 안 좋고 다른 곳은 그보다는 약한 수준이라고 했다. 한 가지 희망적인 사실은 등을 툭툭 두드렸을 때 아프지는 않으니 척추도 아주 나쁜 상황은 아니라고 했다. 치료제의 경우 2주 뒤에 병리 검사 결과가 나와야 알 수 있지만 표적 항암제를 사용할 수 있을 것 같다고 했다. 희망을 붙들고 싶었다. 가족들 모두 당시 엄마의 상태에 대해 희망의 끈을 매달 수 있는 고리를 찾고 있었다. 설명을 듣는 동안, 우리는 심각한데 병원은 쉴 틈 없이 굴러가야 하는지 담당 간호사 선생님이 진료실 문을 활짝 열어대며 다음 환자 준비하시라는 등의 소음을 만들어 내고 있었다. 그 때문에 진료 내용을 듣는 데 방해가 되고 짜증이 났다. 그게 최선이었을까.

우리의 현재 위치는 어디인가에 대한 희망적이고도 절망적인 설명이 끝나고, 비타민 주사 접종에 관한 이야기를 들으며 진료실을 나왔다. 아빠는 엄마에게 계속 좋은 이야기를 해주셨다. 사실 아빠도 힘드실 텐데, 아빠에겐 누가 좋은 이야기를 해주지?

엄마는 항암치료로 머리가 빠질까 걱정하셨고, 아빠는 표적치료가 가능할 수도 있으니까 괜찮을 거라고 계속 엄마를 안심시키셨다. 병원을 나서는데, 엄마가 아들 둘이 와서 든든하다고 하셨다. 가여운 우리 엄마. 얼마나 무서우실까.

*

병원을 나와서 약을 타러 갔다. 시간이 늦어 대부분의 약국이 문을 닫았고 한 곳을 겨우 찾았다. 진료시간보다 일찍 문을 닫는 약국이라니…. 아빠와 나는 S와 엄마를 약국 앞에 내려주고 주차를 하러 갔다. 그 짧은 사이에 아빠는 담배를 피우고 오셨다. 우리 집의 유일한 흡연자. 이제 제발 담배를 끊으셨으면 좋겠지만 오늘은 아무 말도 꺼낼 수가 없었다.

곧 약을 사 오신 엄마와 S를 차에 태우고 저녁을 먹으러 갔다. 엄마는 웃으며 당신이 쏠 테니 맛있는 걸 먹자고 하셨다. 내가 한 20

년쯤 어렸다면 그 말을 듣고 신이 났을지도 모른다. 그러나 난 그때보단 조금 컸고, 식욕부진 증세를 보이시는 엄마 앞에서 신난 표정을 지을 수 없었다. 어떻게 그 상황에서 맛있는 걸 먹는다고 좋아할까. 하지만 지금 생각해보면 그때 좀 더 신나는 모습을 보여드릴 걸 그랬다. 엄마는 우리를 위해 당신의 슬픔을 잠시 덮고 그렇게 말하셨을 텐데, 까짓거 나도 그렇게 웃어드릴 걸.

K네 파스타 가게에 가는 동안 엄마는 동료 보건 선생님의 얘기를 하셨다. 그분은 병원 응급실에서 일하실 때 습관이 아직 남아서 항상 몸 상태를 기록하신다고 한다. 밥은 뭘 먹었는지, 생리는 언제 했는지 등…. 그러면서 우리에게도 몸 잘 챙기라고 하셨다. 그땐 그런 얘길 들어도 와닿지 않았다.

K네 가게에 도착하니 한 팀 있던 손님이 식사를 마치고 곧 나갔다. 지금은 배달 장사가 잘돼서 항상 바쁘지만, 우리가 갔을 땐 걱정될 정도로 한적했다. 하지만 그 날은 우리뿐이어서 좋았다. S가 요새 교양 과목으로 댄스스포츠를 듣는데, 자이브를 배웠다며 거대한 몸으로 사뿐사뿐 춤을 췄으나 어딘가 어색했고 엄마의 가르침이 필요해 보였다. 엄마는 힘드신데도 직접 일어서서 시범을 보여주셨는데, 역시 엄마는 춤출 때 행복해 보이신다. 그날의 자이브 강습은 동영상으로도 찍어두어서 생각날 때마다 보곤 한다. 그날과 비슷한 조명을 보거나 K네 가게를 다시 갈 때마다 자동재생되는 기분이다.

*

밥을 먹는 도중에 아빠가 담배를 피우고 오셨다. 엄마는 "당신 정말 끊어야 해, 아직 정신 못 차렸네"라고 말씀하셨다. 웃음과 함께였지만 아마 쓴소리를 하고 싶으셨던 것 같다. 나는 흡연을 하지 않아서 잘 모르지만 이런 상황에서도 스트레스의 해소를 위해 담배를 태우고 싶어진다는 게 조금 무섭다. 나도 아빠에게 끊어야 한다고 강하게 말씀드리고 싶지만, 아빠를 위한 나의 말이 아빠의 스트레스가 될까 봐 말을 못 하겠다. 병원에서 엄마와 함께 대기할 때 아빠가 안 계신 틈을 타 말씀하시길, 아빠가 걱정되는데 아빠는 자꾸 검사를 안 받으시려 한다고 하셨다. 아마 아빠는 겁이 나서 검사를 받지 않는 것이실지도 모른다. 혹시라도 안 좋은 결과라면 우리 가족이 무너질 거라고 생각하셨을지도 모른다. 아빠를 제외한 가족들은 경제적으로 힘든 것보다 아빠의 건강이 중요한데 아빠는 당신이라도 버텨야 한다고 생각하신다. 서로 바라보는 방향은 같은데 닿고자 하는 방법이 다르다.

돌아오는 길에 과일을 사서 돌아왔다. 여느 때와 같은 모습이다. 우리 가족들은 아직 웃음을 짓고 있다. 속으로는 다들 슬프면서.

*

집에 가족들을 내려주고 KH에게 바람 넣는 기계를 빌려왔다. 아까 파스타를 다 먹어갈 즈음, 난 속으로 언제 바람을 넣어야 할지 고민을 했다. 이 와중에 자전거 바퀴에 바람 넣는 고민이라니 나도 참 이상하다.

집에 돌아와 자전거 바퀴에 바람을 넣고, 며칠 전 맡긴 바지 수선이 완료되었다는 연락이 오기 전까지 거실에서 TV를 보았다. TV를 보는 우리 집의 모습은 평상시와 차이가 없다. 아빠는 거실에 계시고 나와 동생은 방에 있다가 잠깐씩 거실을 오가며 TV를 본다. 엄마는 세탁기에 빨래를 넣으며 우리에게 빨랫거리가 더 없는지 물어보시고 내일 공강인 S에게 잊지 말고 빨래를 널어달라 하셨다. 낮에 있던 충격적인 사건은 잠깐 졸다 마주했던 악몽처럼 잊혀졌다. 허겁지겁 잠에서 깨어나 식은땀을 닦아내고, 현실임을 깨닫게 해줄 나만의 매개체를 확인했을 때 모든 게 꿈이었다고 안도하면 좋겠다. 아빠가 보시던 영화 〈피고인〉이 끝났다. 엄마는 주무시러 안방에 들어가시고, 아빠는 영화 〈스노든〉을 트셨다. 그리고 난 수선한 바지를 찾으러 나섰다.

집에 돌아오니 모두 잠들어있었다. 엄마만 빼고. 혼자 잠 못 들고 계신 엄마를 보니 마음이 꾹꾹 아려왔다. 엄마를 안아드리고 뽀뽀도 해드렸다. 엄마는 그제야 눈물을 흘리셨다. 가족들한테 약한 모습을 보이지 않으시려고 당신이 가장 힘든데도 눈물을 참고 참으셨나 보다. 그리고 모두가 잠든 밤에 조용히 눈물을 흘려보내셨다. 내가 해드릴 수 있는 게 없다. 엄마가 나에게만 눈물을 보이시는 모습을 보니 군대에 있을 때가 떠올랐다. 저녁마다 당시 사귀던 여자친구와 가족들에게 짧게라도 꼭 전화를 했었는데, 어느 날 통화 중에 엄마가 갑자기 우신 적이 있다. 내가 보고 싶다고 하셨다. 나는 엄마의 가장 친한 친구였는데 내 빈자리를 크게 느끼셨던 것 같다. 그때도 지금처럼 내가 할 수 있는 게 없었다. 무얼 해야 할지 모르고 걱정만 했다. 오늘도 그랬다.

*

사용하던 자동 카메라가 아닌 수동으로 초점을 잡는 카메라를 사기로 했다.

집으로 돌아오는 길에 카메라를 찾아보았다. 카메라의 판단에 맡기는 자동 카메라가 아닌 수동 카메라로 엄마의 모습을 많이 남겨두고 싶다. 무엇보다 내가 사려는 카메라는 최대 조리개 값이 1.4나 되는 밝은 렌즈가 있어서 다양한 상황에서 엄마의 모습을 남길 수 있을 것 같았다. 스마트폰 카메라가 디지털 카메라의 존재를 위협하는 시대에 난 왜 필름 카메라를 고집하고자 했을까. 얇은 필름 위에 영원히 기록하고 싶었던 걸까.

하루라도 빨리 사서 조금이라도 많이 엄마를 카메라에 담고 싶은데, 수중에 여윳돈이 없었다. 돈을 빌리려 H에게 연락을 했지만 전화를 받지 않았다. 기다리면 연락이 곧 올 텐데 괜스레 맘이 급해져 M에게 전화를 걸었다. 그러나 갑자기 돈을 빌려달라 말하기 민망해서 찍어둔 필름 현상은 맡겼냐며 시답잖은 소리만 하다 끊었다.

H에게 뒤늦게 연락이 왔다. H는 돈을 빌려달라 했을 때 아무 말 없이 빌려주겠다고 했다. 계좌 번호를 보내려는데 H가 괜찮냐고 물어 괜찮다고 말하려다 상황을 털어놓게 되었다. H는 자기가 다 슬프다고 말했다. 표정이 보이지 않지만 함께 슬퍼해주는 H의 모습이 그려졌다.

막상 돈을 빌리고 나니 모른 척하고 있던 의문이 떠올랐다. 나는 왜 굳이 카메라를 수동으로 바꿔가면서까지 엄마의 모습을 담으려 할까. 마음속 한편으로는 엄마의 날이 얼마 안 남았다 생각한 걸까. 아무렇지 않게 자전거 바람을 넣으려는 나와 카메라를 바꿔가며 엄마를 기억하려는 나 사이에서 조금 혼란스럽다.

■

2017. 03. 15.

아침 일찍 잠에서 깼다. 간밤에 급히 잠들더니 많이 뒤척였나보다. 상의는 말려 올라갔고 이불도 발밑에 있었다. 배가 차가워서 깬 것 같다. 이렇게 온도 변화에 취약한 몸이라니. 다시 잘 생각이 들진 않았고, 몸을 뒤집고 배가 따뜻해지길 기다리며 누워있었다. 거실 건너 안방에서 소리가 들린다. 엄마가 스마트폰으로 영상을 보시는 듯하다. 엄마가 깨셨나 보다. 안 주무신 건 아니겠지.

엄마는 먼저 씻으신 뒤 아빠를 깨우셨다. 다들 나갈 준비를 했다. S는 공강이라 늦잠을 잔다. 엄마, 아빠가 나가시고, 난 학교 갈 준비를 한다. 엄마가 어젯밤 걱정하신 게 생각났다. 위험한데 굳이 학교까지 자전거를 타고 가야겠냐고 하셨다. 부탁이니 안 타면 안 되냐고도 하셨다. 천 따라 강 따라 가는 거라 위험하지 않은데 엄마의 걱정을 들으니 고민된다.

세수하려고 고개를 숙이는데 눈물이 쏟아졌다. 무슨 물잔을 기울인 것도 아닌데, 왜 갑자기 쏟아져 나오는지 영문을 모르겠다. 세면대 앞에 서서 조금 흐느끼고 찬물로 씻어냈다.

자전거를 타고 학교로 향했다. 엄마의 말씀이 떠올라 더 조심히 탔다. 아직 3월이라 날씨는 조금 서늘하지만, 눈에 보이는 것들은 아름답다.

*

늘 쉬던 곳에서 멈춰 섰다. 가장 먼저 쉬는 곳은 중랑천을 따라가다 만나는, H대 뒤쪽의 운동장 수돗가. 메신저를 확인하니 Y에게서 일어났다는 연락이 와있었다. Y의 어머니도 병을 앓으셨던 때가 있었기에 그때의 이야기가 듣고 싶었다. 그러나 다시 잠들어버렸는지 답장이 오질 않았다.

혼자 벤치에 앉아 쉬고 있는데 눈물이 흘렀다. 눈물과 함께 콧물도 나고, 한적한 대낮의 쉼터에서 흑흑 소리를 내며 울었다. 왜 하필 우리 엄마일까. 4기는 1년도 못 살 수도 있다고 했다. 엄마는 그보다 오래 사실 거라고 다짐을 해도 엄마와의 시간이 생각했던 것보다 훨씬 적게 남았다는 생각이 들었다. 엄마는 소원대로 정년도 채우셔야 하고 내가 보내드리는 유럽 여행도 가시고, 내 결혼, 손자도 보셔야 하는데… 할머니, 할아버지들도 엄마보다 건강하신데… 도대체 왜….

엄마가 아프시다는 사실을 받아들이려 할 때마다 눈물이 난다. 마치 맞지 않는 구멍에 구멍보다 큰 것을 욱여넣으려고 하는 모습 같다. 구멍은 구멍대로 망가지고 넣으려 하는 것은 그거대로 망가지는 모습. 눈물을 그치고 다시 학교로 향한다. 가족사진을 찍고 싶다는 생각이 들었다.

며칠 전, S가 오랜만에 가족사진을 찍자는 얘길 꺼냈다. 나는 예전에 비해 살찐 내 모습이 싫어서 나중에 찍자고 했는데 안 되겠다. 더 늦으면 찍을 기회조차 사라질까 봐 초조해 스냅 사진 찍는 친구에게 연락을 했다.

*

자전거를 타고 한강을 달리는데 옆으로 보이는 풍경이 아름다웠다. 강물에 반짝이는 윤슬, 간간이 보이는 앙상한 나무들. 평소였다면 자주 멈춰서 사진을 찍었겠지만, 오늘은 멈추지 않았다. 찍고 싶지 않았다. 아름다운 것들이 부질없게 느껴졌다.

학교에 도착해서 수업을 듣는데 집중이 잘 안됐다. 순간순간 멍했다. 카약을 타고 잔잔한 물 위에 있는데 정신을 차릴 때마다 가라앉고 있는 것 같았다. 내가 타고 있는 카약은 구멍이 뚫린 것 같다.

1시간짜리 수업만 있는 날이라 다행이다. 이번 학기를 잘 마칠 수 있을까. 휴학하고 싶다. 수업 끝나고 Y와 이야기를 하는데 Y가 울었다. 나도 울고 싶었는데 같이 울기 싫어서, 내가 울면 더 울까 봐 겨우 참았다. 그 뒤로도 계속 멍했다. 멍하니 있다가 그런 날 보는 Y의 시선이 느껴져서 정신을 차려보면 조금 민망했다. 날 걱정해 주는게 고맙고 싫은 것도 절대 아니지만 그 시선에 어떤 반응을 해야할지 몰라 힘들었다.

엄마랑 잠깐 통화하는데, 마지막에 엄마가 울컥하신 것 같았다. 목소리만 들어도 알 것 같다. 이럴 땐 전화를 끊는 게 힘들다. 마음이 쿡쿡 아린다.

*

엄마와 이야기를 나누는데 엄마는 갑자기 찾아온 암이 그저 어이가 없다고 하셨다. 얼마나 황당하실까. 당신에게 닥친 일도 황당한 와중에 엄마는 아빠가 담배를 못 피우시게 하라고 당부하셨다. 저도 그랬으면 좋겠어요….

잠자리에 들기 전 엄마가 우시는데, 난 안아드리고 위로해드리는 것밖에는 할 수 있는 게 없었다. 엄마는 곧 머쓱한 표정을 보이며 웃으셨다. 우린 더이상 눈물을 흘리지 않고 웃고 있었지만, 우리 사이엔 눈물이 가득했다. 내가 울면 엄마도 우실까 봐 울지 못했다. 나도 울고 싶다. 나는 어디서 울지. 아니다. 웃고 싶다. 밝게. 베개에 묻은 엄마의 눈물 자국을 만지니 서늘하게 느껴졌다. 따뜻하게 흘러나와 빠르게 식어버린 눈물의 흔적.

*

밖으로 나가 게임을 하고 늦은 밤이 되어서야 집에 돌아왔다. 돌아오는 길, 인적이 드문 그 조용한 길에서 허탈감이 몰려와 기운이 빠졌다. 이렇게 조용한 길에서는 잊고 있던 현실이 와닿는다. 엄마에 대한 걱정과 혹시 모를 상황에 겁이 나고, 주변에 보는 사람이 없다는 사실에 눈물이 나오기 시작했다. 엄마가 아프지 않길 바라기보다 건강해지시길 바라야겠다. 엄마와의 시간이 얼마나 남았는지 모르겠다. 얼마 남지 않았다고 생각하기엔 나쁘게 생각하는 것 같아서 싫고, 많이 남았다고 생각하다가는 생각보다 얼마 안 남았을까 봐 두렵다.

■

2017.03.19.

아침에 할머니가 전화를 하셨다. 아빠가 전화를 안 받으셔서 나에게 하셨다고 했다. 아빠와 할머니와의 통화에서 할아버지가 아프시다는 내용이 오간 듯 하다. 아빠가 많이 힘들어 보이신다. 아빠는 얼마나 힘드실까. 나는 짐작조차 할 수 없다.

과제를 하러 학교에 가는 중에 메신저 알람이 울렸다. 아빠가 다들 어디냐고 물으셨다. 나는 밤 11시에 학교에서 출발할 거라 말했다. 학교에 도착하니 S에게 전화가 왔다. 무슨 일이 있냐고 물어보면서, 아빠가 전화로 화를 내셨다는 것이다. 왜 늦게 오냐고 성을 내셨다고 한다. 놀란 마음에 전화를 해보니 아빠가 과음을 하신 것 같다. 이유 없이 과음하시는 분이 아닌데, 당신에게 닥친 일들이 견디기 힘드셔서 외롭다고 느끼신 것 같다. 같이 과제를 하던 Y에게 양해를 구하고 곧장 집으로 왔다.

집에 오니 아빠는 거실에서 주무시고 엄마는 세탁기에서 빨래를 꺼내고 계셨다. 빨래를 함께 널면서 엄마에게 아빠가 과음하셨는지 여쭈었더니 1병 정도 드셨다고 했다. 그리고 갑자기 아빠한테 잘해드리라 하셨다. 엄마의 목소리가 평소 같지 않아서 바라보니 울고 계셨다. 엄마는 당신과 할아버지 두 분 다 아프셔서 아빠가 너무나 힘들 거라 하셨다. "엄마가 미안해"라며 우셨다. 엄마가 미안해하시지 않으면 좋겠다. 엄마의 잘못은 없다. 나도 울컥했는데, 엄마부터 위로해드렸다. 그리고 마침 빨래를 다 널어서 화장실로 도망갔다.

엄마에게 아프지 말자는 것보다는 건강해지는 것을 생각하자 말씀드렸다. 엄마가 "미안해. 사랑해"라고 하실 때 울음이 터질 것 같았다. "나도"라고 말하지 못할 뻔했다. 떨리는 목소리로 말했는데 엄마는 내 눈물을 알아차리셨겠지. 슬픈 밤이다. 길게 느껴져도 곧 아침이 오겠지.

■

2017.03.20.

주말 아침, 가족들과 영화 <라라랜드>를 보기로 했다. 9시 상영이었는데, 제때 못 일어났다. 아빠가 깨우지 않으셨다면 못 갈 뻔했다. 새벽에 집에 들어온 S는 몇 시간 못 잤지만, 함께 영화를 보러 간다. 아마 영화 시작하고 곧 잠들 듯하다.

예전에는 가족들이 다 같이 영화를 보는 일이 많았는데 S와 내가 성인이 된 후로는 모두가 아직 안 본 영화, 그러면서 재미있는 영화를 찾기 힘들었다. 대부분 나나 S 중 한 명이 먼저 보았기 때문인 경우가 많다. 이번 영화는 내가 먼저 보고 와서 엄마, 아빠도 보셨으면 하는 마음에 다 같이 보자고 했다.

영화가 시작하기 전, 엄마는 마스크를 착용하셨다. 상영 중 당신에게서 기침이 터져 나와 다른 사람들의 영화감상을 방해할까 봐.

영화 초반에 미아와 세바스찬이 주차된 차를 찾는 장면에서 세바스찬이 미아에게 차 키를 턱에 대고 버튼을 누르면 좀 더 멀리까지 신호가 가지만, 대신 암에 걸릴 수도 있다고 장난을 친다. 잠깐 빨리 가고 인생도 빨리 간다나. 예전에 봤을 땐 웃긴 장면이었지만 엄마와 함께 보니 아차 싶었다. 엄마는 무슨 기분이셨을까.

다행히 엄마가 아주 재미있었다고 하셨다. 춤추고 노래하는 장면들이 많아서 좋아하실 것 같았기에 괜스레 뿌듯하다. 그리고 주인공 미아가 룸메이트들과 파티에 갈 때 입은 파란 원피스가 입어보고 싶다고 하셨다. 다 나으시면 같은 걸 사드려야지.

*

월요일부터 두 분 모두 휴가를 내셨다. 아빠는 휴가, 엄마는 병가. 엄마가 암 진단을 받으신 뒤로도 평소와 같이 생활하셔서 위기감을 크게 느끼지 못했다. 병가를 사용하셨다니 그제야 좀 더 와닿는다. 월요일부터 엄마, 아빠는 치료를 알아보러 다니신다고 한다. 일단 한방 면역 치료를 받으셨다. 아직 1회차라 효과가 바로 나타나지는 않았다.

■

2017.03.21.

설계 수업 전, 아빠가 전화를 하셨다. 일본에 좋은 치료 방법이 있어 에이전시를 통해 치료를 받으러 가신다고 했다. 에이전시에서 통역을 제공해주긴 할 텐데 혹시 모르니 주변에 통역을 도와줄 사람이 없냐고 물어보셨다. 일본어를 잘하는 친구 중에 될 것 같은 친구들에게 물어보았다. 당일치기이긴 하지만 갑작스러운 도쿄행이 가능한 사람은 없었다. 어쩔 수 없이 에이전시의 통역만을 믿고 다녀오는 방법 밖에는 없겠다 싶었다.

그런데 생각해보니 일본에 사는 친구 한 명이 있긴 했다. 마침 지역도 병원이 있는 도쿄였다. 다만 고등학교 졸업 후엔 연락도 안 했고 찾아보니 졸업 후 일본에 가면서 메신저 아이디도 사라진 상태였다. 지푸라기라도 잡는 심정으로 오랜만에 SNS에 접속해서 메시지를 보냈다. 너무 오랜만에 로그인을 하다보니 비밀번호가 기억나지 않을 정도였다. 시대가 조금 변했고 그 SNS의 사용자도 점점 줄어서, 그 친구도 이젠 안 하겠지 싶었다. 메시지를 보내도 치료 일정 전에는 연락이 안 될 수도 있다고 생각했는데 의외로 답장이 빨리 왔다. 메신저 아이디를 물어본 뒤 메신저에서 얘기를 이어나갔다. O는 몇 년 만에 연락한 나를 '브로'라고 불러주었다. 사정을 들은 O는 기꺼이 자신의 연차까지 써가며 통역을 자처했다. 이렇게 좋은 사람이라니…. 잊지 않고 두고두고 갚아주고 싶다. 뭐라도 해주고 싶은 마음이다.

엄마, 아빠가 일본에서 치료와 함께 관광도 하고 오시면 좋겠다는 생각이 들었다. 두 분이 함께 해외에 가시는 게 얼마 만인지 모르겠다. 오랜만의 해외여행이 치료를 위한 여행이라니. 아파야만 함께 여행을 간다니. 힘들게 살아오신 삶이 부모님 당신들을 위한 삶이었을까.

■

2017. 03. 22.

엄마가 일본을 다녀오시면서 낫토를 잔뜩 사 오셨다. 건강에 좋다고 들었다고 많이 드시겠다며. 스티로폼 상자에 낱개 포장이 가득 들어있었다. 하나 뜯어 맛을 보았는데, 예전에 먹어본 낫토와 비슷했다. 작은 스티로폼 용기에 겨자와 간장이 함께 들어있다. 본고장인 일본에서 사 온 낫토가 엄마의 회복에 도움이 되어주면 좋겠다.

그나저나 낫토는 호불호가 있는 음식인데 엄마 입맛에 잘 맞을까. 청국장을 좋아하시니까 좋아하실 것 같다. 낫토는 휘저을 때 생기는 끈적거리는 실이 많이 나올수록 좋다던데, 저 많은 낫토에서 나온 실에 암세포가 걸려나가는 상상을 해본다. 이런 작고 사소한 것에까지 희망을 걸어보게 된다. 이건 긍정적인 희망일까. 과도한 낙관일까.

■

2017.03.27.

항암치료. 암과 맞서 싸우는 치료지만, 어째 암만큼 악명이 높다. 강력한 적을 이길 방법은 이것뿐이라며 아군에게도 피해가 가는 무기를 사용하는 아군. 항암 전쟁에서 전장이 되는 몸은 이기든 지든 황폐해진다. 그런 항암치료와 관련해서 엄마와 아빠의 의견이 갈렸다. 엄마는 항암의 부작용 때문에 망설이셨고 아빠는 그래도 항암을 해야 한다며, 요샌 표적 항암제와 같은 부작용이 적은 약도 있다고 하셨다. 작은 대립 후 아빠는 짬뽕밥을 드셨다. 풀 곳 없는 감정들을 짬뽕밥과 함께 삼키고 계셨다. 그 장면을 바라보면서 눈물이 흐르지 않아도 서러워 보일 수 있다고 생각했다.

엄마가 아픈 몸으로 자꾸 집안일을 하시려 해서 예민해진 아빠가 짜증을 내셨다. 엄마도 아빠도 서로를 위하는 마음에 그러시는 건데, 서로에게 짜증을 내게 되는 모습이 안쓰럽다. 차라리 누군가가 마음먹고 우리를 이간질하고 괴롭히는 상황이면 좋겠다. 다 같이 화낼 대상이라도 생기게….

결국 항암을 병행해보기로 했다. 엄마가 잘 이겨내실 거라 믿는다.

■

2017. 03. 30.

첫 번째 수능을 보고 나서 성적표가 나오기 전까지 집에서 게임만 하며 지냈다. 폐인 같은 생활을 해도 간섭하는 사람은 없었지만 조금 쓸모 있는 폐인이 되고자 했다. 모두가 밖으로 나간 시간에 잠에서 깨어 다시 게임을 하다가 오후 1시쯤 되면 하던 걸 잠시 멈췄다. 그리고 빨래와 설거지를 하고 청소까지 마친 뒤 다시 게임에 빠져들었다. 퇴근하신 엄마는 아들이 하루종일 게임을 하는 것에 못마땅해하시다가도 집안일이 다 되어있는 것을 보며 가끔 이런 것도 나쁘지 않다 생각하셨던 것 같다. 가끔 놈팡이처럼 집에만 있지 말고 나가서 친구도 만나고 하라고 하셨는데, 퇴근하고 아주 편하다고 하신 걸 보면 말이다. 그땐 집안일하는 것이 즐거웠다. 설거지나 빨래같이 멍하니 반복할 수 있는 일을 하면 마음이 편해졌다. 아마 당시의 즐거움은 한가함에서 왔던 것 같다.

하지만 요즈음의 집안일은 조금 다르게 다가온다. 학교에 다니는 상황에서 집안일을 하는 것은 다른 데에 사용할 수 있는 시간을 쪼개어 집안일에 써야 한다. 집안일을 하기 위해 다른 목적의 시간을 끌어오려면 자는 시간, 밥 먹을 시간, 과제 할 시간 등의 꼭 필요한 제외한 시간을 끌어와야 한다. 말을 복잡하게 했지만, 포기할 것이 생긴다는 얘기다. 나는 잠깐 집안일을 돕는 것으로도 포기해야 하는 것들이 아쉬운데, 엄마는 얼마나 많은 것들을 포기하고 집안일 하는 데 시간을 쓰셨을까. 엄마가 포기한 시간을 다른 가족들이 조금씩 나눴으면 엄마의 인생이 조금 더 행복하지 않았을까.

■

2017.04.02.

편백나무에서 나오는 성분이 암에 좋다고 한다. 그러나 편백나무 숲은 서울을 벗어나야만 갈 수 있다. 우리 집에서 가려면 적어도 한 시간 이상을 가야 한다. 차라리 집에 편백나무를 갖다 놓으면 숲에 가는 것만큼은 아니어도 효과가 있을 것 같아서 몇 그루를 주문했고 오늘 도착했다. 물 잘 먹고 빛 잘 받아서 피톤치드를 한껏 뿜어내주길….

엄마는 암 진단 사실을 외할머니께 비밀로 했다. 아이를 많이 낳는 경우가 많았던 시대를 사셨던 외할머니는, 많은 자식들 중 가장 아끼는 딸이 암에 걸렸다는 사실을 알게 된다면, 당신의 목숨과 바꿔서라도 낫게 하려고 하실 것이다. 내가 아는 외할머니는 그런 분이다. 내가 느끼기에도 그런데 엄마는 오죽하실까. 엄마도 아직은 외할머니가 모르시는 게 낫다고 생각하셨나보다.

다만 친할머니는 엄마의 아픔을 알게 되셨다고 한다. 언제까지 숨길 수만은 없었겠지만 지금 알게 된 게 좋은 건지 나쁜 건지 모르겠다. 엄마는 이런 얘기를 친한 동료 선생님과 통화하며 털어놓으셨다. 방에서 통화하는 엄마의 목소리가 점점 작아진다. 조금씩 떨리는 소리가 나오기 시작하고 숨길 수 없는 흐느낌이 들리기 시작한다. 조용한 거실에서 그걸 듣고 있는 나는, 엄마가 털어놓고 눈물 흘릴 수 있는 친구가 있어서 다행이라고 생각했다. 아마 가족들 앞에선 보이기 싫은 눈물을 털어버리신 걸지도 모르겠다. 누구 앞에서라도 좋으니 엄마가 눈물을 흘려보내실 수 있으면 좋겠다.

■

2017.04.03.

옷 방으로 가서 빨래를 넌다. 나름 4월이라고 낮에는 보일러를 외출로 해놓는다. 하지만 환기를 위해 열어놓은 창을 뚫고 들어오는 찬 바람을, 외출 상태의 보일러는 이기지 못한다. 조금씩 차갑게 식어가는 방바닥에 앉아 빨래를 갠다. 이렇게 찬 바닥에 앉아 빨래를 개고 있으니 엄마 생각이 난다. 아빠 말씀으로는 내가 유럽 여행 중일 때 엄마가 찬 바닥에 앉아 서랍 정리를 하고 계셨다고 한다. 아빠는 그런 엄마가 답답하셨던 것 같다. 보일러 좀 켜고 하시지. 살도 얼마 없는 엄마의 엉덩이를 타고 온몸에 퍼졌을 냉기가 서럽다.

엄마는 외할머니에게 당신 건강 좀 챙기시라며 당신 몸보다 자식 생각, 손주 생각이 앞서는 모습을 타박하신다. 내가 엄마를 보는 모습이 그런 마음이겠지. 나는 엄마도 걱정되고 외할머니도 걱정된다. 우린 서로를 위해 서로를 걱정시키는 사이다.

■

2017.04.04.

S가 엄마, 아빠를 위한 공연을 기획한다고 한다. 나도 함께하려고 노래를 골라 보기로 했다. 아마 개인 곡 1곡과 함께 부르는 1곡 정도가 나에게 할당될 것 같다. 장소와 시간은 S가 찾아보겠다고 했으니 나는 내 파트를 준비하면 될 것 같다.

설계 수업을 마치고 Y와 함께 노래방에 갔다. 몇 가지 골라놓긴 했는데 불러봐야 적당한 곡을 고를 수 있을 것 같았다. 이것저것 불러보며 목을 풀고 난 뒤 박효신의 '1991년 찬 바람이 불던 밤'을 불렀다. 마침 나도 91년생이고 가사가 엄마에게 '내가 다시 태어나도 자랑스런 나의 엄마가 돼줘요'라고 말하는 내용이라 적절할 것 같았다. 예전에 많이 들었던 노래라 잘 부를 수 있겠다 싶었는데 부르다 보니 울음이 터져 나왔다. 그때와 상황이 바뀌어서 그런가, 슬퍼서 도저히 노래할 수가 없었다. 저녁에 다시 들어보려고 녹음 중이었는데 녹음에 흐느낌이 들어간 건 아닌가 싶었다. 마침 중간에 전화가 왔는지 녹음이 끊겨있었다.

다음 노래는 이별을 주제로 한 노래를 불렀다. 지금 상황과 관계없는 노래를 불렀더니 감정이 추스러진 것 같아 생각해 두었던 인순이의 '아버지'를 선곡했다. 그러나 이건 이거대로 또 중간에 멈춰야 했다. 지금은 엄마를 생각해도, 아빠를 생각해도 슬퍼지는 상황인가보다. 참고 불러보려 했는데 안쓰러운 표정으로 말없이 나를 쳐다보는 Y를 보니 울음이 터져 나왔다. 결국 노래를 고르지 못했다.

*

엄마의 울음소리가 들린다. 외할머니와 통화 중이셨던 것 같은데, 엄마는 계속 괜찮다고, 하지 말라고 하신다. 할머니는 엄마가 어떻게 얼마나 아픈지 모르시고 끊임없이 엄마를 위해 무언가를 하려고 하신다. 할머니 입장에서는 당신의 노력이 딸에게 도움이 될 수 있는데, 어찌 그냥 지나치나 생각하시는 것 같다. 당사자가 괜찮다 해도 막무가내이다. 딸 사랑을 원동력으로 삼는 할머니의 열정은 누구도 막을 수 없다. 심지어 딸도 못 막는다. 엄마는 할머니가 당신을 위한답시고 무리하는 게 싫다고 하신다. 그 모습을 바라보는 난 할 수 있는 게 없다. 엄마가 못 보일 모습을 보여줘서 미안하다 하셨다. 미안할 것 없는데…. 엄마를 안아드리는데, 엄마 얼굴이 닿은 부분이 따뜻해졌다가 이내 축축해지고 차가워진다.

■

2017.04.05 ~ 2017.04.06.

식사를 준비하는데 엄마가 짧은 비명을 지르셨다. 놀라서 가보니 갑자기 다리에 통증이 느껴졌다고 하셨다. 처음 느껴보는 통증이라고 하시는데 무엇이 원인인지 모르겠다. 원인을 모르니까 불안하다. 이유를 안다고 안심이 되는 것은 아니지만 모르는 데서 오는 불안감은 너무 많은 생각을 불러왔다. 짧았지만 꽤 아픈 통증이었던 것 같다. 아빠는 내일 조직 검사할 때 의사 선생님에게 물어보라고 하셨다. 엄마는 내일이 진료받는 날이 아니라 물어보기 마땅치 않을 거라고 하셨다. 아빠는 걱정되는 마음에 모르면 안 되는 통증일 수도 있으니 혹시 모르니 물어나 보라고 하셨는데 만족스러운 답변을 얻을 수 있을지는 모르겠다.

*

오늘은 엄마의 조직검사가 있는 날이다. 내가 동행하기로 했다.

검사 순서를 기다리고 있는데 예약 시간이 되어도 차례가 오지 않았다. 간호사 선생님에게 여쭤보니 순서를 착각했다고 한다. 검사가 늦어졌다. 검사가 끝나고 엄마가 나오셨는데 검사복이 검붉게 물들어있었다. 조직검사가 다 그런 건가 했는데 엄마는 간호사의 부주의로 피가 많이 났다며 불평을 하셨다. 옷 갈아입는 걸 도와드리는데 검사복에 묻은 피가 축축하고 불쾌하다고 하셨다. 피가 난 자국을 보니 꼭 멍처럼 보였다. 엄마가 피를 보고 놀라신 것 같다. 작은 것에도 잘 놀라시는 엄마는 피가 많이 나는 걸 보고, 당신께 무슨 일이 생긴 건 아닐까 싶어 무서우셨을 거다. 평소에 엄마를 놀라게 하는 장난을 많이 했는데 이런 모습을 보니 안쓰럽다. 엄마에게 장난쳤던 기억들이 이제는 다른 감정으로 다가올 것 같다.

■

2017.04.11.

얼마 되지 않는 높이의 우리 집 담벼락 너머를 보면 다세대 주택이 보인다. 높이는 우리 집과 비슷하거나 조금 더 높은 붉은 벽돌 집. 두 집만 놓고 보면 꽤 잘 어울린다. 그러나 이웃인데도 그곳에 사는 사람들과는 교류가 거의 없었다. 그러다 그 건물에 사시는 할머니 한 분에 대해서 조금 알게 되었다.

우리 집 담벼락이 꺾이는 부분에는 전봇대가 하나 서 있다. 그 밑에는 담벼락이 꺾인 곳과 전봇대의 아랫부분을 꼭짓점 삼아 만든 시멘트 화단이 있다. 이사 오기 전부터 만들어져 있어서 누가 만든 것인지는 모른다. 처음 이사 왔을 때, 화단에는 심은 것인지 멋대로 자라난 것인지 모를 잡목이 있었다. 화단을 만든 사람은 이미 이사를 간 것 같았다. 옆집 사람들은 잡목이 차지하고 남는 화단의 공간을 쓰레기 두는 곳으로 사용하고 있었다. 도대체 왜 화단 옆의 멀쩡한 공터를 두고 굳이 화단에 쓰레기를 올려놓는지 알 수가 없었다. 최근에는 자라던 잡목도 시들어버려, 아빠는 그곳에 나무를 심으려고 하셨다. 엄마와 함께 꽃시장에 다녀오신 아빠는 묘목을 사 오셨다. 사과나무였는지 벚나무였는지 헷갈리지만 크지 않은 묘목이었다. 아빠는 강한 생명력으로 깊숙이 뿌리내린 잡목을 파내신 뒤, 묘목을 심으셨다. 쓰레기로 지저분하게만 보이던 전봇대 풍경이 괜히 달라 보였다. 우리 집에서 잘 보이려면 몇 년은 더 자라나야 할 테지만 충분히 기대할 수 있었다.

그런데 심은 지 하루도 안 된 오늘, 옆집의 할머니께서 왜 이런 걸 맘대로 심냐며 당장 뽑으라고 노발대발 성질을 내셨다. 도무지 이해할 수가 없었다. 아빠한테 고마워해야 하는 것 아닌가? 평소 부당함에 잘 맞서시는 아빠의 모습을 알고 있는 나는 당연히 아빠가 한마디하실 줄 알았다. 그러나 예상과 달리 아빠는 순순히 나무를 다시 파내어 담벼락 안쪽에 갖다 놓으셨다. 왜 그냥 뽑으셨냐고 여쭸더니 아빠는 엄마가 아프셔서 저런 사람들에게 대응할 마음의 여유가 없다고 하셨다. 평소 당당하고 곧은 모습을 보이시던 아빠의 얼굴에는, 대응하고 싶지만 그러기엔 피곤한 이 상황이 스트레스라는 듯한 표정이 보였다. 그런 표정으로 말씀하시는 게 적잖은 충격이었다. 아마 아빠도 그렇게 대응할 수밖에 없는 이런 상황에 화가 나실 것이다. 나는 나라도 대응하려고 이리저리 방법을 찾았으나 마땅한 게 없었다. 우린 그렇게 함께 무기력했다. 마치 뽑혀버린 묘목처럼.

엄마의 아픔이 이런 상황에 영향을 미칠 줄은 몰랐다. 전혀 상상할 수 없었다. 요즘은 매일이 예상치 못한 일의 연속이다.

■

2017. 04. 12.

엄마의 외래진료와 몇 가지 검사가 예약된 날이다. 오전에 수업이 있지만 병원에 따라갔다. 북적거리는 진료실 앞에 앉아 검사를 기다리고 있는데, 담당 간호사 선생님이 다른 환자를 소개해주셨다. 비슷한 아픔을 겪고 계시니까 당사자들만 아는 힘든 일을 나눌 수도 있고 치료와 관련된 정보도 교환할 수 있겠다는 생각이 들었다. 편하게 대화하시도록 조금 떨어져서 보고 있는데 얘기를 나누시다 엄마가 우시는 모습이 보였다. 어떤 얘기를 나누셨을까?

차례가 되어 검사를 받고 외래진료를 받았다. 검사 결과와 진료 내용이 희망적이었다. 곧 오후 수업을 위해 학교에 가야 했는데 나쁘지 않은 결과를 받고 나니 엄마를 두고 학교에 가는 마음이 조금은 편했다.

*

학교에서 수업을 듣는데 엄마로부터 연락이 왔다. 치료를 마치고 집으로 돌아가신 뒤, 무슨 문제가 생긴 듯했다. 병원에서 받아온 약을 드시기 시작했는데, 암과 관련된 약이어서 그런지 호락호락하지 않은가보다. 엄마의 상태가 좋지 않은 것 같아 마음이 불안하다. 작은 진동이 반복되는 얇은 막 위에 서 있는 기분이다. 크게 울렁거리는 것은 아니지만 멈추지 않고 작은 떨림이 계속 된다. 수업을 들어도 집중이 잘 안 된다. 요즘의 난 출석에 의의를 두는 학생이다.

수업이 끝나자마자 집에 왔다. 약을 드신 지 몇 시간이 지났고 밤이 되었는데도 엄마는 부작용으로 힘들어하셨다. 항암제가 만드는 부작용을 버티기 위해 항구토제를 먼저 드셨다. 항구토제 복용 30분 후에 항암제를 드셨는데도 계속 속이 울렁거린다고 하신다. 짧은 간격으로 헛구역질이 반복되어 잠깐도 몸을 편히 누이기 힘든 시간이 계속되고 있었다. 낮보다는 나아졌지만 어떤 상황이 나타날지 몰라 잠들지 못하고 계셨다. 부작용이 많지 않다고 하는데도 항암제는 이 정도로 힘든 거구나 실감했다. 보기에도 힘든데 직접 겪는 엄마는 몇 배는 더 힘드시겠지. 삶의 질이 우수수 떨어진다. 덩달아 나도 잠들지 못하고 지켜볼 수 밖에 없었다. 밤늦게까지 계속 고통스럽게 헛구역질하시던 엄마는 새벽이 되어서야 겨우 잠드실 수 있었다. 나도 곧 잠을 청했다.

■

2017.04.15.

엄마가 조금이라도 더 쉬시도록 밑반찬을 만들어보았다. 연근이 암에 효과가 있을 것 같아서 연근고구마간장조림, 엄마가 좋아하시는 새우를 넣은 새우야채볶음 두 가지를 만들었다. 요리 초보는 동시에 요리하기가 어렵다는 것을 간과했다. 각각 요리할 때보다 시간이 배로 든 것 같다. 못생겼지만 맛은 좋다. 아니, 먹을만하다. 잘 드실 수 있을지 모르겠지만 엄마의 식욕 증진에 한몫했으면….

엄마는 아빠와 달리 TV를 많이 보시진 않는다. 가끔 볼 때도 예능은 잘 안 보시는데 TV를 보고 좋아하시는 엄마의 모습을 보기 위해 내가 먼저 보고 재밌었던 방송들을 틀어드린다. 종종 이렇게 엄마의 웃음에 도전한다. 웃음코드가 맞아 배가 아플 때까지 웃으시는 엄마를 보는 것이 행복하다. 오늘 엄마는 아침부터 〈응답하라 1988〉을 보고 계신다. 1988년의 엄마는 아빠와 함께 88 서울 올림

픽 자원봉사를 하셨다. (서울 올림픽 자원봉사와 아시안게임 자원봉사 경험은 엄마, 아빠에게 즐거운 추억거리다.) 연령대를 비교해 보면 고등학생으로 등장하는 극 중 인물들과 대여섯 살 정도 차이가 난다. 거의 같은 세대의 이야기에 공감하시는 부분이 많다. 젊은 날을 떠올리시고 즐거워하시는 엄마를 보니 나도 행복하다.

연속 방송이라 5화까지 보시게 되었는데, 5화에 슬픈 장면이 나왔다. 선우의 엄마가 선우네 외할머니에게 태연히 전화를 걸지만 목소리를 듣자마자 눈물을 흘린다. 엄마도 외할머니가 보고 싶으시다며 우셨다. 엄마를 옆에 모시고 같이 보는 나도 슬퍼지는 장면인데 엄마는 더 슬프게 보셨겠지. 엄마는 아픈 걸 들킬까 봐 외할머니, 외할아버지께 연락도 잘 하지 않으시고 예전엔 자주 찾아뵙던 집 근처의 외가도 가지 않으신다. 아픈 것도 서러운데 아픔이 뭐길래 이렇게 힘든 일까지 겪어야 하는 것일까.

■

2017.04.17.

생일이다. 난 엄마의 몸에서 나서 이렇게 잘 자라났는데, 엄마의 몸은 병이 들었다. 엄마의 몸에서 난 나를 다시 떼어서 엄마에게 드려 엄마의 건강을 되돌릴 수 있다면 좋겠다.

우리 가족은 생일 당일에 다른 약속이 있어도 자정 전에는 집에 들어와 꼭 함께 초를 분다. 오늘도 밖에 있다가 간신히 12시를 넘기지 않고 집에 도착했다. 대문 앞에서 벨을 눌렀더니 나와 계시던 아빠가 문을 열어주셨다. 이제 입김이 나오지 않는 계절인데, 입에서 연기를 뱉어내시길래 담배 피우지 마시라고 잔소리를 했다. 아빠는 담배를 뒤로 감추시고는 내게 먼저 들어가라고 하시며 쓰레기 치우고 곧 들어오시겠다고 말씀하셨다. 잠시 후 들어오신 아빠는 손을 씻고 가글도 하셨다. 다행히 엄마는 눈치채지 못하셨다.

쓰레기 버리러 나온 김에 몰래 담배를 태우고 걸리지 않도록 뒤처리까지 하시는 일련의 과정들을 보고 있자니 마치 고등학생이 몰래 담배 피우는 모습이 연상되었다. 대학교 때부터 담배를 피우셨던 아빠에게 몰래 담배를 피우셔야 하는 순간이 있었을까? 그런 날이 있을 줄은 상상도 못 하셨겠지.

이날 아빠는 다양한 감정을 느끼셨을 것이다. 새벽에 증세가 악화된 할아버지가 입원을 하셔서 아빠는 속초에 다녀오셨고, 부리나케 돌아온 서울에는 여전히 아픈 엄마가 있었다. 아픈 가족에 대한 걱정이 끊이지 않고 계속되었을 것이다. 그런 상황에 내 생일 축하까지 해야 한다니. 아빠가 담배를 태우는 시간은 그 뿌연 연기로 힘든 상황을 잠시 가리는 시간이다. 하지만 연기는 영원하지 않고, 잠시 가려졌던 것들은 금방 다시 드러난다.

해피 언해피 벌스데이.

■

2017.04.19.

저녁을 밖에서 먹기로 했다. S는 못 온대서 집에 계시던 엄마, 아빠만 함께하기로 했다.

나는 먼저 도착해서 잡화점에서 시간을 보내고 있었다. 곧 뒤이어 도착하신 엄마를 만났다. 그렇게 어두운 시간은 아니었지만 밝은 시간은 더 아니었다. 그런데 엄마는 마스크에 선글라스까지 착용하고 계셨다. 기침 때문에 마스크는 그렇다 쳐도 선글라스라니, 뭘 그리 꽁꽁 싸매고 오셨냐고 여쭈었다. 엄마는 혹시라도 동네에서 제자들을 만나거나 제자들이 당신을 볼까 봐 걱정이 된다고 하셨다.

엄마는 약 부작용으로 띵띵 부은 얼굴도 부끄럽고 병가 중에 나와서 외식하는 게 안 좋게 보이진 않을까 생각하셨던 것 같다. 아픈 것도 서러운데 신경 써야 하는 것도 많다. 더 서럽게.

*

엄마가 말씀하시길 아빠가 7월까지만 일하실 거라고 하셨다. 경제적인 부분이 걱정되서 괜찮으시겠냐고 물었다. 엄마의 답은 "좀 줄여야지"였다. 뭐부터 줄여야 할까. 식비? 자잘한 생활비? 감이 안 와서 이리저리 머리를 굴리고 있으니 엄마가 웃으며 "장학금 타!"라고 말씀하셨다. 물론 장학금을 받으면 좋겠지만, 못 타도 전혀 실망하시지 않을 것을 안다. 당신이 아프셔도 자식들에게 부담 주지 않으려 하신다. 아빠가 아프셨다면, 아빠도 마찬가지였을 거다. 그런 나의 부모님. 문득 아빠 회사의 학자금 지원이 떠올랐다. 이번 학기 장학금은 무리다. 그리고 나의 학교생활은 세 학기, 일 년 반이나 남았다.

예상치 못하게 빨리 다가온 아빠의 퇴직. 지금껏 일을 하시지 않는 아빠를 본 적이 없다. 그래서 오늘의 일들이 와닿지 않는다. 아빠의 일하시지 않는 모습이라니.

■

2017.04.24.

오늘은 아침 11시에 수업이 하나 있었고 끝나고 바로 1시에 교양 시험을 보러 가야 했다. 전날 밤 늦게까지 공부를 하다 잤다. 벼락치기에 밤샘이 빠질 수 없다.

아침에 조금이라도 더 늦게 일어나고 싶었는데 엄마, 아빠의 목소리에 눈이 떠졌다. 눈을 뜨고 들려오는 소리에 귀 기울였다. 잠결에 들어보니 아빠가 잠시 나갔다 오셨고 엄마는 그런 아빠에게 담배 피우고 온 거냐고 묻고 계셨다. 아빠는 아니라고 하셨다. 사실, 방 안 침대에 누워있는 나도 아빠가 담배를 피우고 오신 것을 알 수 있었다. 아빠가 들어오실 때, 밤새 틀어놓은 보일러가 데워놓은 집안 공기 사이로 찬바람과 담배 연기가 섞여 들어왔고, 자다 깨서도 맡을 수 있었다. 잠결의 나도 느낄 수 있는데, 아프면서 냄새에 예민해지신 엄마는 오죽하셨을까. 집에 흡연자가 아빠뿐이라 우리가 항상 담배 연기에 예민하다는 것도 한몫했을 것이다. 그러나 거실로 나가 저 다툼을 말리다 보면 엄마의 편을 들게 되고 함께 아빠를 구박하게 될까 봐 눈을 감고 조용히 듣고만 있었다. 다툼이 잦아들자 다시 잠이 들었다.

다시 눈을 떴을 때는 학교 갈 시간이었다. 서둘러 준비하고 나가면서 엄마에게 아빠를 너무 구박하지 마시라고, 조금씩 줄이면 되지 않겠냐고 말했다. 엄마는 조금 격앙된 목소리로 절대 안 된다고 하셨다. 분을 참으면서 말씀하시는, 약간의 씩씩거림이 들어간 목소리였다. 서러우신지 눈물도 흘리셨다. 수업에 가야 하는데 엄마가 우시니 당황스러웠다. 곧 괜찮아지셨지만, 엄마 혼자 두고 학교를 가는 게 마음에 걸렸다. 그리고 아빠는 아무리 끊으시라 해도 못 끊으시는데, 계속 잔소리한다고 효과가 있을지 고민을 조금 했다.

*

시험이 끝나고 집으로 돌아와 보니 엄마가 안 계셨다. 전화를 걸어 보니 뒷산에 올라왔다고 하셨다. 건강을 위해 운동차 올라가신 것인데 목소리가 이상했다. 울고 계신 듯했다. 뒷산 어딘가 조용하고 사람 없는 곳에서 울고 계신 엄마의 모습이 떠올랐다. 엄마를 찾으러 가고 싶은데, 소파에 앉아 전화를 끊고 나니 밤샌 피로가 몰려왔다. 피로가 몰려오자 엄마에 대한 걱정과 내일 시험에 대한 걱정이 짐처럼 무겁게 느껴졌다. 알람을 5분 뒤로 맞춰놓고 잠깐 쉰 뒤 엄마를 모시러 가기로 했다. 혹시 몰라 카메라도 들고 나갔다.

평소에 가보지 않은 뒷산은 생각보다 복잡했다. 이리저리 이어진 곳이 많고 걸어갈수록 어디가 어딘지 알 수가 없었다. 내가 먼저 엄마를 찾아내고 싶었는데 이러다 엇갈릴까 봐 전화해서 만날 수밖에 없었다. 저 멀리 모자를 쓰고 선글라스에 마스크까지 착용하신 엄마가 보였다.

꽃이 피어나고 있었다. 이미 많이 피어난 곳도 있어 꽃 사이에서 엄마를 찍어드릴 수 있었다. 엄마는 집 근처에 이렇게 좋은 곳이 있는데 아픈 후에야 알게 되었다고 말씀하셨다. 참 이상한 일이다. 왜 건강할 땐 알 수 없었을까.

집에 돌아온 뒤에도 엄마가 슬퍼 보여서 아까는 왜 울고 계셨는지 여쭤보았다. 엄마는 계속 아무것도 아니라고만 하셨다. 나만 알고 있을 테니 말씀해달라고 졸랐더니 결국 눈물을 흘리시면서 말씀해주셨다. 엄마는 가족이 아픈 게 싫다고 하셨다. 더 나빠지면 안 된다고, 당신이 짐이 되는 것 같다고도 말씀하셨다. 아빠가 담배 피우시는 게 너무 싫다고 하셨다. 엄마의 우는 모습이 너무나 서러워 보였다.

좀 진정이 된 후에 둘이 밥을 먹으러 나가기로 했다. 내가 먼저 나가서 주차장의 차를 가져왔다. 차를 타러 길을 건너오시는 엄마가 숨 가빠하시는 게 보였다. 움직인 구간도 짧은데, 그 짧은 거리에도 숨 가빠하시다니, 몸의 기능이 빠르게 나빠진다. 식사하러 가는 와중에도 눈물을 조금 훔치신다. 나는 무얼 할 수 있을까.

■

2017.04.25.

시험이 끝났다. 잠을 얼마 못 자서 피곤했다. 그래도 시험이 끝나니 조금 쌩쌩해졌다. 피로가 회복되었다기보다는 시험도 끝났는데 쓰러져 잘 수 없다는 오기에서 비롯된 힘이라는 걸 안다. 오기의 힘을 빌려 시험이 끝난 기념으로 Y와 혜화동에서 늦은 점심을 먹었고 이리저리 쏘다니며 구경을 했다.

집에 가기 전, 가족들에게 전화를 하니 엄마는 식사를 하셨고 아빠는 곧 혜화를 지나가실 듯했다. 집에 가면 아빠 혼자 저녁을 드실까 봐 혜화에서 아빠와 같이 저녁을 먹고 가기로 했다. 점심을 늦게 먹어 배가 별로 안 고팠기에 항정살 하나만 주문했다. 그런데 2인분이 나왔고, 그냥 같이 먹기로 했다. 성인 남자 둘이 와서 당연히 2인분이라 생각했나 보다. 아빠는 소주를 시켜 반주 삼아 드셨다. 난 아직도 혼자 술을 마시는 상대방의 잔을 채워주는 게 익숙하지 않다. 그래서 항상 아빠가 자작하시고 나서야 따라드려야 하는 걸 깨닫는다. 매번 한 박자 늦은 나의 손.

아빠가 식사를 하시면서 이런저런 얘기를 하셨다. 엄마가 아프면 당신도 밥이 잘 안 넘어간다고 하셨다. 그래서 지금까지 4kg이 빠졌다고 하신다. 고기를 먹다 말고, 아빠의 얼굴을 바라보니 얼굴살이 많이 빠져 있었다. 4kg이 얼굴에서만 다 빠진 건지 홀쭉해진 것을 넘어 핼쑥해지고 있었다. 갑자기 아빠가 늙어버리신 것 같다.

■

2017.04.26.

요즘 엄마는 얼굴이 부은 채로 생활하신다. 라면 먹고 잠들어서 붓는 정도가 아니다. 그보다는 좀 더 심하게, 벌레 물린 것보다는 덜하게, 아침부터 주무실 때까지 내내 부어있다. 항암제와 진통제를 같이 복용하다 보니 소변이 잘 배설되지 않아 얼굴이 많이 붓는 거라고 한다. 그 자그마한 약을 먹고 몸에 이런 변화가 오는 게 무서울 정도다. 그래서 붓기를 좀 줄여보고자 당분간은 진통제를 안 드시기로 했다. 진통제를 끊은 후부터 엄마의 기침이 심하게 잦아졌다. 기침도 진통과 같은 작용인 것일까. 밤을 새워 과제를 하던 새벽에 아빠와 엄마가 응급실을 간다고 하셨다. 기침이 점점 심해져 조치를 받기 위해서였다. 나는 과제 때문에 동행하지 못했고 집에 있다가 전화로 경과를 들었다. 다행히 심각한 것은 아니어서 수액만 맞으면 된다고 하셨다. 아빠는 내일 출근하셔야 하는데, 엄마가 수액 맞는 걸 기다리시고 나면 한두 시간은 훌쩍 지날 테고 그러면

잠도 거의 못 주무시고 출근하셔야 한다. 나와 S는 멍하니 지켜봐야만 했다. 같이 안 자고 기다리는 것밖에 할 수 있는 게 없다. 아픔을 나누면 반이 된다는데, 아픔을 나눌 방법이 없다. 반의반도.

■

2017.05.02.

삼 일 만에 집에 왔다. 원래대로라면 어제 가족회의를 해야 했는데 내가 과제로 밤새느라 집에 못 왔고, 오늘 하기로 했다. 집에 도착하니 엄마가 약을 드신 후 부작용이 나타날 시간이었는지 엄마는 울렁거림과 싸우시느라 나를 반겨주지 못하셨다. 손톱만한 약이 삼 일 만에 집에 온 아들과 인사도 못 하게 하다니….

오늘 가족회의의 안건은 '이사'였다. 낮에 엄마와 아빠는 집을 보고 오셨다. 엄마, 아빠가 집으로 돌아오실 때 통화를 했는데, 문득 '이사를 가면 나와 S는 어쩌지?'라는 생각이 들었다. 이사할 곳에서 통학은 불가할 텐데 어떻게 생각하시는지 여쭤봤다. 아빠는 만약 엄마, 아빠가 전원주택으로 가시면 지금 살고 있는 집을 내놓고 우리 둘은 옥탑에 살아야 할 것 같다고 하셨다. 지금 집에 우리 둘이 살고 엄마, 아빠가 전원주택으로 가시는 것은 확실히 경제적으로 부담이 될 것 같다. 그렇다고는 해도 동생과 옥탑에 살면서 누군가 우리가 살던 집에 사는 모습을 보는 건 나라 잃은 느낌일 것 같다고 말했다. 엄마를 위해 만든 온실과 정원을 누군가에게 넘기고 싶지 않다. 내 소유의 집도 아닌데 쓸데없는 고집을 부려봤다.

확실한 것은 엄마가 공기 좋은 전원으로 가시는 게 더 나은 방향이라는 것이다. 어렵다. 이런 식의 경제적 문제가 생길 줄 몰랐다. 돈이 뭔지…. 돈이 조금만 더 많았다면 이런 스트레스는 없었을까?

■

2017.05.03.

엄마가 밤새 기침을 많이 하셨다. 몇 달 만에 게임을 하러 나갔다 늦게 들어왔더니 S는 온실에 있고, 아빠는 방에서 주무시고 계셨다. 엄마는 기침 때문에 종종 잠에서 깨셨고, 잠꼬대인지 모를 말들을 하셨다. 잠꼬대처럼 내뱉으시는 말에는 현실의 내용이 담긴 말도 섞여있어 잠꼬대가 아닌가 싶기도 했다.

엄마는 계속 물을 찾으셨다. 요즘 엄마는 주무실 때 기침 때문에 계속 갈증을 느끼셔서 주기적으로 물을 드셔야 한다. 엄마는 밤에 기침 때문에 잠에서 깼을 때 물이 없다면 무서울 것 같다고 하셨다. 엄마의 기침이 생각보다 잦아서 번갈아 가며 밤새 엄마를 돌봐드려야겠다 생각했다. S에게 들어오라고 하고 나는 엄마 옆에서 자려고 누웠다가 엄마가 더워하시길래 보일러를 잠시 끄고, 좀 더 편히 주무시도록 소파로 올라갔다. 우리 집 소파는 누우면 팔걸이까지 발을 올려야 할 정도로 짧고 한쪽 어깨가 소파 바깥으로 나올 정도로 좁다. 그래도 다른 방법이 없어서 참고 잤다. 좁은 소파에 누워있자니 엄마의 기침 소리가 간헐적으로 들려왔다. 엄마는 계속 나오는 기침 때문에 힘드신지 진통제를 먹자고 하셨다. 드셔야 할지 말아야 할지 고민하는데 아빠는 좀 더 참아보자고 하셨다. 진통제 복용의 선택도 고민해야 한다니. 아무리 인생이 선택의 연속이라지만, 이럴 때에도 여지없이 끊임없는 선택의 길을 뻗치는 인생이 조금 서럽다. 그렇게 뒤척이다 네 시쯤 잠이 들었다.

■

2017.05.04.

아침에 온 가족이 번갈아가며 날 깨워주었다. 나는 "조금만 더"를 힘겹게 뱉으며 온 집안을 돌아다니며 잠을 청하다 간신히 일어났다. 엄마는 긴장한 표정으로 항암제를 드시고는 식사로 속쓰림을 잡아보려 하셨다. 쌀밥과 함께 어묵볶음 조금, 덜 익은 김치, 감자볶음이 전부인 식사였다. 식사하시는 엄마의 모습을 바라보고 있는데 입은 계속 오물오물하고 계시지만 눈은 울음을 참고 계시는 듯했다. 눈이 울먹이는 것처럼 보였다. 처음엔 약 때문에 얼굴이 부어서 그렇게 보이는 건가 했는데 다시 보니 곧 우실 것처럼 보였다. 내 예상은 곧 현실이 되었다. 결국 엄마는 식탁에서 울음을 터뜨리셨다.

울고 계신 엄마를 안아드리는데 아빠는 아무 일 없다는 듯 청소를 하고 계셨다. 아빠는 별일 아니라며, 기침 좀 하셔서 그런 것이니까 너무 걱정하지 말라고 말씀하셨다. 평소와 달리 좀 무심하신 게 이상하다 싶었지만 일단 엄마를 달래드렸다. 아마 엄마는 요양원에 가시는 것 때문에 서러우셨던 것 같다. 아빠는 청소하다 말고 식탁으로 오셔서는 엄마에게 약한 마음 버리고 맘 단단히 먹어야 한다고 하셨다. 나도 엄마와 같은 마음으로, 엄마가 요양원에 가시는 게 싫어서 그렇게 말씀하시는 아빠가 야속하게만 느껴졌다. 아빠는 지금 엄마에게 가장 중요한 건 먹는 것과 깨끗한 공기인데 우린 아무것도 제대로 챙길 수 없다고 하셨다. 새벽에 엄마의 기침이 끊임없이 계속되어도 우리가 할 수 있는 게 없다고 하셨다. 그러니 엄마가 좀 외로워도 요양원에서 관리받고 치료를 받아야 한다고 말씀하셨다.

아빠의 목소리가 조금 격앙되어서 남들이 보면 화가 났다고 생각했을 것이다. 그러나 나는 아빠가 화가 나신 거라고 느껴지지 않았다. 나는 아빠 아들이니까 알 수 있었다. 그렇게 말씀하시는 아빠를 보고 있자니 널널해진 러닝 셔츠가 눈에 들어왔다. 살이 빠져 널널해진 러닝셔츠 때문인지 아빠가 부쩍 마르고 야위어 보였다.

얘기를 마친 아빠는 벌떡 일어나 화장실로 들어가셨다. 문이 쾅 닫혔다. 난 아빠가 이런 상황에 대한 분을 못 참고 그러신 건가 싶었다. 아빠 말씀을 듣고 다시 서럽게 눈물 흘리시는 엄마를 달래드리는데, 화장실에서 아빠의 흐느낌이 들려왔다. 못 들은 척하기엔 우리 집 화장실 문의 방음이 허술했다. 아빠가 우시는 모습을 본 적이 없는 나로서는 상당한 충격이었다. 아빠가 강조하시던, 무심함으로 포장된 '단단한 마음'은 아빠도 원치 않으시는 것이었고, 아빠에게도 쉽지 않은 일이었던 것이다.

흐느끼는 소리가 조금씩 작아지더니 아빠는 양치를 하시고 머리를 감고 나오셨다. 그러나 빨개진 눈은 치약과 샴푸로 씻겨지지 않았다.

그런 상황을 뒤로하고 수업을 가기 위해 나오는데 괜스레 화가 났다. 어째서 이런 상황이 우리 가족에게 닥친 걸까. 병마가 불러오는 끊임없는 악재 앞에서 엄마, 아빠가 그렇듯 나 역시 무력하다.

■

2017.05.05.

어린이날이다. 더이상 우리 집에 어린이는 없지만 쉬는 날이니까 기쁜 마음으로, 어린이의 마음으로 쉬었다.

엄마와 둘이 집에 있었다. 아빠도, S도 나가야 해서 내가 엄마 곁을 지키고 있었다. 거실에서 졸고 계신 엄마를 보고 있는데 오후의 햇볕이 따뜻했다. 이 시간 우리집 모습은 언제 생각해도 금방 떠오른다. 나는 그날 오후의 우리 집 풍경을 사랑한다.

평화로운 풍경 속의 엄마는 팥죽이 먹고 싶다고 하셨다. 아프기 전에도 입이 짧으셨던 엄마는 아픔과 함께 찾아온 식욕 저하로 이전보다 더 입이 짧아지셨다. 식욕이 없다 보니 먹고 싶은 것도 없었다. 그런 엄마가 먹고 싶으시다니 당장 사드리고 싶은데 엄마를 혼자 두고 사러 갈 수가 없었다. 먹고 싶어 하시는데 사드리지 못하는 상황이 아쉬웠다. 아빠와 S가 집에 오려면 시간이 걸릴 듯해서 말도 못 꺼냈다. 어쩔 수 없이 다음에 사드리겠다고 하는 수밖에 없었다.

그렇게 또다시 시간을 보내고 있는데 생각보다 일찍 퇴근하신 아빠가 돌아오셨다. 한 손에는 검은 봉투를 들고 오셨는데, 받아보니 팥죽이었다. 갑자기 웬 팥죽이냐고 했더니 그냥 엄마 생각이 나서 샀다고 하셨다. 그 말을 들은 엄마는 팥죽을 받아들고 펑펑 우셨다. 이런 게 텔레파시인가 싶었는데 그건 사랑이었다.

■

2017.05.10.

엄마와 아빠가 일본에 또 다녀오셨다. 치료 효과가 좋길 바란다. 이번 주 엄마의 외래에는 내가 동행하기로 했다. 과에서 다 같이 가는 도시 답사는 불참하기로 했다. 아쉽지만 아쉽지 않다.

할아버지에게 치매 증상이 보이기 시작했다고 한다. 폐암의 합병증 중에 알츠하이머도 포함인가? 소변을 못 가리신다고 하는데 할머니는 얼마나 놀라고 당황스러우셨을까. 할머니 혼자 할아버지를 감당하실 수 있을지 걱정된다.

*

아주 어릴 때부터 우리 집 현관문에는 종이 달려있었다. 우리 집 문은 종소리와 함께 열린다. 시간이 흘러 먼지가 쌓여도 종소리는 그대로인데 아빠의 얼굴에는 굴곡이 생기고 있다.

■

2017.05.12.

엄마, 아빠의 기둥.

■

2017.05.19.

내가 설계로 밤을 새우던 어제, 할머니가 집에 오셨다. 할머니는 할아버지, 고모할머니, 고모할아버지와 함께 할아버지를 인천 고모할머니네 요양병원에 모셔드리고, 우리 집으로 오셨다.

어제 아빠가, 할머니가 외로워하신다고 일찍 들어오라고 하셨는데 과제를 몰아서 하느라 일찍 오지 못했다. 하루 만에 집에 왔더니, 아빠는 운동하러 가셨고, 엄마는 주무시고, 거실엔 할머니만 계셨다.

할머니와 이런저런 얘기를 했다. 내가 오자마자 너무 피곤해서 소파에 발을 올리고 누워있자, 할머니가 발 마사지를 해주셨다. 할아버지에게 이렇게 해드리면 금방 잠드신다고 하셨다. 나도 나른해졌다.

할머니는 할아버지와 떨어진 지 하루밖에 안 됐는데 벌써 걱정되고 보고 싶다고 하셨다. 마음이 적적하다고 하셨다. 이런 얘기를 막내 작은아빠와 전화하시다 꺼내셨는데, 작은아빠는 지금 상황에서 큰형이 가장 힘들 텐데, 큰형 앞에서 그런 모습 보이면 안 된다고 할머니를 혼냈다고 했다. 위로를 바랐는데 잔소리를 들으신 게, 머리로는 이해되지만 마음은 조금 서운하셨나 보다. 그래서 나한테는 그런 얘기해도 된다고 나한테 하시라고 했다. 할머니는 웃으며 "그래 너한텐 해도 되겠다"고 하셨다. 사실 나도 마음이 무겁지만, 아직은 괜찮다.

갑자기 지금 할머니가 가장 보고 싶은 사람이 누구인지 궁금했다. 물론, 할아버지 빼고 그다음으로. 할머니는 돌아가신 할머니의 어머니가 가장 보고 싶다고 하셨다. 언제 돌아가셨는지 여쭤보니 할머니가 21살 때 돌아가셨다고 했다. 할머니가 77세시니까 56년이나 되었다.

할머니의 아버지는 다른 여자와 바람이 나서 집을 나갔다고 한다. 그렇게, 할머니의 어머니는 세 남매를 홀로 키우셨다고 한다. 할머니가 어릴 때, 가족들과 함께 피난길에 올랐다가 대전으로 돌아오셨다고 했다. (할머니는 대전 사람이셨다. 할머니가 대전 사람인지 처음 알았다. 그런 것도 몰랐다니.) 이후 할머니네 가족은 할머니 친척의 집을 빌려 살았는데, 대청마루도 있고, 마당에 정원도 있는 큰 집이었다고 한다. 옛 한옥답게 화장실은 밖에 있었고, 화장실에 가기 귀찮을 때를 위해 대청마루에 요강이 있었다고 한다.

어느 날 밤, 할머니가 화장실을 가려고 나오셨는데 그날은 달이 밝았다고 했다. 얼마나 밝은지 대낮같이 밝아서 아직도 기억한다고 하셨다. 그때, 할머니의 어머니는 마당에서 식물들에 물을 뿌리고 계셨는데, 그 모습을 보면서 할머니는 어머니가 얼마나 고독할지 생각하셨다고 한다. 그 모습이 항상, 어머니를 떠올릴 때마다 생각난다고 하셨다.

그러면서 갑자기 예전에 어머니가 학교에 보내주지 않으신 걸 원망하셨는데, 돌아보니 당신이 적극적이지 않아서 그랬던 것 같다고 하셨다. 10살도 안 된 아이가 학교에 가기 위해 적극적으로 표현해야만 했던 시대가 왠지 슬프다.

■

2017.05.25.

새로운 카메라를 한 대 더 들이면서 전에 사용하던 카메라는 할 일을 잃었다. 신문물의 변화로 인한 실직 같은 느낌. 그러다 문득 엄마, 아빠의 눈으로 보는 가족은 어떤 느낌일까 궁금해서 카메라를 드렸다. 소녀였던 시절, 엄마도 카메라를 써보셨고 내 어릴 적 사진이 많이 남아있는 걸 보면 아빠도 사진 찍는 걸 좋아하신다고 생각했다. 그러나 사진 찍는 걸 좋아하는 것과 필름 카메라를 좋아하는 것은 다른 얘기인가보다. 36컷 중에 10장 남짓 분량이 남은 필름이 들어있었는데, 도통 필름을 갈 조짐이 안 보인다. 아쉬운 마음에 왜 안 찍으시냐 불평했더니 스마트폰이 있는데 뭐하러 카메라를 쓰냐고 하셨다. 엄마, 아빠에게는 사진을 남기는 게 중요한 것이기에 필름 카메라보다 편하고 빠르며 결과물도 바로 확인할 수 있는 스마트폰이 훨씬 매력적으로 느껴진 것 같다.

그래도 억지로 손에 쥐어드려 남은 필름 10장 내외는 S나 엄마, 아빠 중 누군가가 셔터를 눌렀고, 겨우 현상을 맡길 수 있었다. 내가 나온 사진이 있다는 것에 기분이 좋기도 하고 가족들의 시선을 볼 수 있어서 좋다. 5월에 나온 사진으로 봄맞이 흙갈이, 모종 심기의 현장을 다시 한 번 떠올려본다.

■

2017.05.26.

엄마의 출장치료가 있는 날이었다. 당일치기로 도쿄에 가서 치료를 받고 오셔야 했다. 동행할 수 있는 가족이 없어서 혼자 다녀오시기로 했다. 몇 번 다녀오셔서 익숙하기도 하고 통역해주는 가이드가 공항에서부터 함께 다닐 거라 괜찮다고 하셨다. 엄마가 괜찮다고 하셨지만, 가족들은 걱정이 가득했다. 엄마도 걱정되고 겁이 나지만 괜찮은 척하시는 걸 수도 있다. 당일치기로 다녀오신다니 그나마 다행이다.

하루 종일 메신저로 꾸준히 연락하면서 무사히 치료를 마치신 엄마는, 치료도 힘드셨을 텐데 선물을 사 오셨다. 선물의 정체는 낫토. 지난번 사 오신 것도 엄마가 안 드시길래 나 혼자 다 먹었는데, 내가 좋아한다며 낫토를 또 사 오셨다. 낫토 한 상자를 사 오신 모습은 조금 충격이었다. 낫토가 맛있어도 안 먹어도 괜찮고, 다 먹었으면 한국에서 구하면 되는데, 여행도 아니고 치료를 다녀오시면서 그걸 왜 사 오실까…. 이걸 좋다고 빨리 먹으면 엄마가 뿌듯해하시겠지만 또 사 오실 것 같고, 천천히 먹자니 엄마가 아쉬워하실 것 같다. 어떤 것이 엄마를 위한 걸까. 엄마의 사랑은 크고 어렵다.

■

2017. 05. 27.

봄맞이 흙갈이를 하고 이것저것 사다 심었다. 이 집에 오고 나서 가장 맘에 드는 건 작은 마당이 생겼다는 것이다. 담벼락으로 선을 그은 경계 안쪽에 집을 꽉꽉 채웠다면 집이 조금 더 넓어졌겠지만, 살아보니 집도 마음에 들고 마당은 더 마음에 든다. 20년 넘는 시간 동안 우리 가족만의 마당이 있는 집은 이번이 처음이다. 흔치 않은 경험이라 생각한다.

이것저것 심은 것 중 상추가 가장 으뜸이다. 뜯어 먹고 며칠 뒤면 또 자라나고 또 자라난다. 토끼같이 매일 뜯어 먹지 않아서 그런 것일 수도 있지만, 먹고 싶을 때마다 자라나 있는 상추가 신기하다.

나갔다 들어오는 김에 마당에서 상추를 따는 엄마는, 담벼락 안에서는 답답해서 모자나 선글라스를 벗을 법도 한데, 전부 착용하고 계셨다. 이 때 찍은 사진을 다시 보니 정체를 숨기고 상추 서리하는 것 같기도 하다.

■

2017.05.28.

할머니와 엄마와 함께 마당에서 시간을 보냈다. 봄이라서 날이 따뜻하다. 나는 의자에 앉아 책을 펴놓고 할머니와 엄마를 구경한다. 엄마는 식물 키우기에 관한 책을 읽고 계신다. 엄마가 꿈꾸는 미래의 마당은 어떤 모습일까. 해리포터에 나오는 식물학 정원 같은, 무얼 심어도 무럭무럭 자라나는 모습일까. 가끔 몰래 들어온 쥐나 벌레가 보이면 깜짝 놀라 아빠나 우리를 부르시겠지. (사실 우리도 무서운데….) 그곳에서 잔뜩 수확한 과일과 채소를 가족 혹은 친한 사람들과 나눠 먹는 상상도 하시면 좋겠다. 엄마의 행복한 정원을 상상해본다.

미세먼지나 황사가 적어 엄마가 마스크를 안 쓰셔도 되는 날씨가 소중하다. 엄마가 아프시기 전에는 미세먼지가 몸에 안 좋다는 말을 체감하지 못했는데, 지금 엄마에게 미세먼지나 황사는 최악이다. 그래서 매일 대기 상태를 살펴보게 된다.

할머니는 옆에서 파를 살펴보신다. 조금 잘라내어 먹고 다시 자라면 또 먹을 수 있는 파는 할머니의 즐거움이다. 생각해보니 파 입장에선 잔인하게 느껴지겠다. 파에겐 미안하지만, 이 시간이 소중하고 행복하다.

*

할아버지가 요양원에 들어가신 후, 할머니는 우리 집에 와계신다. 할머니는 나에게 당신이 고아가 되어버렸다고 말씀하셨다. 이 집에 할머니의 아들, 손자, 며느리 모두가 있는데 왜 스스로를 고아라 하시는지 여쭤보니 대답은 간결했다. “할아버지가 안 계셔서.” 생각해보니 할머니는 할아버지랑 둘이 사셨는데, 둘이 전부였는데 할아버지와 떨어져 살고 계시니 절반이 뚝 떨어져 나간 것이다. 혹은 절반이 떨어져 나가면서 붙어있던 나머지 절반이 와장창, 쨍그랑, 쩍 하고 부서졌을지도 모른다. 실제 고아는 아니시지만, 마음은 고아가 되셨을지도 모른다. 할머니 말씀이 맞다.

■

2017. 05. 29.

집에 와서 과제 먼저 끝내고 공부하려고 생각했는데 과제를 끝내자마자 잠들어버렸다. 잠에서 깨니 새벽 두 시. M에게 연락이 와서 잠깐 게임을 하고 왔다. 돌아와 시간을 보니 세 시 반이었고 할머니가 안 주무시고 계셨다. 할머니는 잠이 안 온다 하시며 어딜 다녀왔냐고 물으셨다.

계속 잠이 안 온다 하시던 할머니가 바람 쐬러 나가시는 걸 보고 온실에 가서 쉬시라며 모시고 갔다. 할머니는 의자에 등을 기대어 앉으시고는 "진작 온실에 올 걸"이라고 말씀하셨다. 아까는 어딜 가야 할지 몰라 계단에 앉아있었다고 하셨다.

먼저 들어가 공부하라고 하시기에 혼자 들어왔다. 집으로 들어와 공부하고 있는데 할머니가 인상을 잔뜩 찌푸린 얼굴로 들어오셨다. 무슨 일인가 싶어 여쭤보니 잠이 안 온다고, 할아버지가 보고 싶어서 잠이 안 온다고 하셨다. 그리고는 침대에 걸터앉아 우셨다. 우는 할머니를 안아드리고 있으니, 아까는 작은아빠에게 전화해서 울었는데 공감은 안 해주고 운다고 타박을 들으셨다고 했다. 할머니는 그걸 "작은아빠가 지랄했다"라고 푸념하셨다. 아까 할머니는 바람을 쐬려 하신 게 아니라 울 곳을 찾고 계셨던 것 같다. 아들 앞에서도, 며느리 앞에서도 심지어 멀리 떨어진 전화기 건너의 막내아들 앞에서도 할머니가 울 곳은 없었다. 나는 괜찮다고 말씀드렸다.

양양에 혼자 계실 때는 울고 싶을 때 우셨는데 여기선 그럴 수가 없다고 하셨다. 할아버지가 오래전부터 아프셨던 것도 아니고 갑자기 아프신 게 가엾다고 하셨다. 그러다 뜬금없이 "네가 결혼하는 것도 보고 증손주도 보고 가야 하는데…"라고 걱정하셨다. 할아버지 걱정하시다 갑자기 얘기가 왜 거기로 흘러갈까 싶었지만, 충분히 가능하니 걱정 마시라고 말씀드렸다. 내 대답에 수긍할 줄 알았던 할머니는 "할아버지 가시면 할머니도 따라가야지"라고 하셨다. 나는 놀라서 뭐라고 반응해야 할지 몰라 아무 말도 하지 못했다. 할머니는 할아버지 혼자 가시면 외로우니 당신이 따라가야 한다고 하셨다. 나는 하늘나라에 가면 왕할머니, 왕할아버지도 계시고 여기서 못 뵌 지 오래된 분들도 많이 계실 거라며 외롭지 않으실 거라 말씀드렸다. 그러니 천천히 따라가시라고. 다행히 할머니는 내 말을 납득하신 것 같다. 태연히 말했지만, 가슴이 철렁했다. 슬픔에서 벗어나신 할머니는 아침 준비하신다며 주방으로 가셨다.

할머니가 남들에게 말하지 못하는, 나만 들은 얘기에 겁이 났다.

■

2017.05.30.

예비군 훈련이 있는 날이다. 분명 날씨가 좋은 봄날인데, 군복을 입은 오늘은 괜히 덥고 먼지도 많은 것처럼 느껴진다. 군복의 효과인가.

예비군 훈련이 끝난 뒤 학교로 돌아가는 버스에서 엄마에게 전화를 걸었다. 이런저런 얘기를 하다 할머니 안부를 여쭤보니 할아버지를 뵈러 요양원에 가셨다고 했다. 새벽에 좀 괜찮아지셔서 아침 준비하러 가신 게 아니라 서둘러 할 일을 해치우시고 할아버지를 뵈러 가려고 하셨나보다. 새벽에 많이 보고 싶으셨던 건 알지만 대중교통을 타고 인천까지 다녀오실 할머니를 상상하니 마음이 쓰였다. 그래서 새벽에 할머니가 할아버지를 생각하며 잠 못 들고 계셨다는 얘기를 했는데 엄마가 우셨다. 괜히 얘기한 걸까. 저녁에 집으로 돌아오신 할머니의 표정이 밝아 보였다. 멀고, 피곤한 길이었을텐데, 할아버지를 뵙고 오시니 맘이 놓이셔서 몸의 피로는 잊으셨나 보다.

*

엄마, 아빠가 주무신다며 방으로 들어가시길래 인사를 드렸는데 아빠가 다시 나오시더니 S에게 "잘자, 아들들, 미안해!"라고 말씀하셨다. 무엇이 미안하신 건지 설명은 없었다. 무엇에 대한 사과인지 모를, 일단 던질 테니 받으라는 사과였다. 나는 왜, 무엇이 미안하신지 알 수가 없었다. 육하원칙 중 파악된 것은 '아빠가'와 '미안하다' 뿐이었다. 어쩌면 아빠는 어디서나, 항상, 모든 것이, 그냥 미안하신 것일지도 모르겠다. 그래서 가장 명확한 두 가지만 말씀하신 것 같다.

"잘자. 아들들, (아빠가, 어디서나, 항상 모든 게, 그냥) 미안해."

■

2017.06.07.

엄마를 찾아 뒷산에 올라갔던 날 찍은 사진을 현상했다. 집 근처에 이런 곳이 있었는데 몰랐던 것이 신기했다. 사진으로 보니 그때의 기분이 떠올라 다시 한번 감탄했다. 그리고 SNS에 '왜 좋은 것은 힘들 때가 되어서야 깨닫는 것일까.'라고 적었다.

과연 지금의 나는 좋은 것을 좋을 때 깨닫고 있을까? 생각해보니 엄마가 아프시기 전에는 미래의 좋을 날을 기다리며 지금 눈 앞에 있는 좋은 것들을 놓치는 일이 종종 있었다. 그리고 엄마가 돌아가신 후에는 좋았던 날들을 그리며 지금 좋은 것들을 놓치는 일이 종종 있다. 어떤 일을 기점으로 생각이 이렇게 바뀌게 된다면, 몇 번이나 더 이런 일들이 생겨야 지금을 좋아하며 살 수 있을까.

■

2017.06.14.

어제 낮엔 할머니가 전화를 하셨다. 엄마, 아빠는 치료를 받고 집에 가고 계시는 중이었을 것이다. 할머니는 심심하다 하셨다. 그래서 옥상에 올라가서 엄마, 아빠가 언제 오는지 쳐다보고 계셨다고 한다. 그 모습을 상상하니 할머니가 처량해서 마음이 아팠다.

저녁이 되어 학교에서 건축인의 밤 행사가 시작되었다. 나는 멍하니 앉아 구경하다 상을 준다고 이름이 불려 앞에 나가게 되었다. 받을 줄 몰랐는데 장학금도 받았다. 대충 반팔을 입고 간 게 좀 아쉬웠다. 행사에서 주는 밥을 먹고 집으로 가는 버스에서 기절했다. 좀 더 일찍 갈 수 있을 줄 알았는데, 행사가 길어져서 생각보다 늦어졌다.

나는 장학금을 받았다며 자랑했다. 엄청 대단한 건 아니라서 자랑하기 민망했지만 다들 좋아하셨다. 금액이 많지 않고 한 것도 없이 그냥 받은 거지만, 다들 좋아하셨다. 작게나마 가족들이 좋아할 거리가 생겨서 자랑하길 잘했다 생각했다.

아빠는 거실에서 TV를 보다 잠드셨고, 할머니도 소파에서 잠드셨다. 나는 두 분에게 이불을 덮어드리고, 장학금으로 카메라를 바꿀 수 있을지 고민하며 검색하다 잠이 들었다. 잠깐 깨서는 Y에게 잔다고 얘기하고 다시 잠들었는데, 꿈을 꾸었다. 잠에서 깬 아침에는 꿈이 정말 생생했는데, 잘 기억나지 않는다. 마지막 부분만 기억이 나는데, 내가 아빠가 되어 할머니의 손을 잡고 이리저리로 할머니를 모시고 다니며 할머니의 외로움을 달래줄 어떤 것을 찾고 있었다. 그리고 돌아다닌 건물의 중정엔 호랑이가 있었다. 아마 자기 전에 아빠, 할머니와 함께 보던 여우와 곰과 늑대가 나오는 <가장의 판타지>라는 프로그램 때문인 것 같다.

그리고 꿈에서 할머니가 말씀하셨다. 할머니는 지금 너무 외롭고 심심하시다고, 듣다 보니 이게 꿈인지 현실인지 알 수 없었다. 할머니의 목소리가 현실에서 들려왔기 때문이다. 나는 비몽사몽한 채로 눈을 감고 얘기를 듣고 있었다. 할머니는 아빠와 말씀을 나누고 계셨다. 목소리가 조금 커지셨다. 할머니가 어제 나와 전화하고 옥상에서 엄마, 아빠를 기다리시면서 노래를 100곡이나 불렀는데도 아무도 오지 않았다고 하셨다. 내가 괜히 죄송하고 마음이 아팠다. 내가 마음이 더 아팠던 이유는, 할머니가 지금 제일 힘든 사람은 아빠일 거라고 하셨던 게 기억났기 때문이다. 아빠 먼저 잘 챙기자고 하셨을 정도로 아빠의 아픔을 아시지만, 그럼에도 불구하고 할머니가 저렇게 말씀하시는 게, 당신의 아픔을 말할 사람이 아무도 없어서 정말 어쩔 수 없이 아빠에게 말씀하셨으리라 생각하기 때문이다. 슬픔이 슬픔을 부르고 있다.

그리고 아빠는 어딘가로 나가셨고, 엄마와 할머니가 얘기를 나누셨다. 할머니는 당신한테 딸이 없는 게 아쉽다고 하셨다. 아들들이 아무리 잘 해도, 여자로서의 고민이 있는데, 그런 걸 못 나누는 게 아쉽다고, 그래서 딸이 없는 엄마도 불쌍하다고 하셨다. 엄마가 상처받진 않으셨을까. 내가 좀 더 잘하면 될까. 그렇게 얘기가 끝나고 나는 아주 잠시 잠들고, 다시 깼다. 현실로 돌아와 일어나니, 모든 게 꿈인가 싶었다.

할머니에게 갔다가 엄마에게 가니, 엄마가 우셨다. 모든 게 미안하다고 하셨다. 계속 미안하다고, 계속 우셨다. 우니까 눈물이 나오고, 코가 나오고, 가래가 나와 기침이 나왔다. 엄마 기침하시면 안 되는데…. 원래 운동을 하려고 일찍 일어난 건데, 엄마가 우셔서 달래드리느라 운동은 저녁으로 미루기로 했다. 엄마가 주무시는 걸 보고 거실로 나왔다. 할머니와 아빠와 식사를 했는데, 아빠가 잘 드시질 않았다. 할머니는 할머니도 억지로라도 먹는다고 아빠에게도 억지로라도 먹으라고 하셨는데, 아빠는 도무지 드시질 못했다. 아빠는 엄마를 오늘 요양원에 입원시켜야겠다고 말씀하셨다. 이런 결정을 내리는 아빠도 굉장히 힘드시겠지.

그렇게 집을 나오니, 기분이 이상했다. 나는 모두의 슬픔을 달래기 위해 슬픈 모습을 보이면 안 된다. 힘내자.

■

2017.06.16.

할머니가 요양원에 계신 할아버지를 모시고 양양으로 가시기로 하셨다. 할아버지가 계시는 요양원 방을, 맹추 셋뿐인 방이라 표현하시면서 밤에 무슨 일이라도 생길까 걱정된다 하셨다. 할아버지는 알츠하이머로 3급 장애 판정을 받으셨고, 그 결과 요양관리사나 휠체어를 지원받을 수 있게 되었다. 하지만 여전히 걱정되어 할아버지가 많이 아프시면 꼭 알려달라고, 약속을 받았다. 할머니는 약속과 함께 "네가 사준 초밥을 잊지 못할 거야"라고 말씀하셨다. 그 말씀이 마치 마지막 인사 같아서 마음이 아팠다. 얼마든지 더 사드릴 수 있는데…. 이제 간장 새우만 보면 할머니 생각이 날 것 같다.

할머니는 이제 가을이 되면 엄마도 툭툭 털고 일어날 거고 할아버지도 괜찮아지셔서, 우리 가족 모두 어두운 터널을 벗어날 거라고 말씀하셨다. 인생은 오르기도 하고 내려가기도 한다고 너무 걱정 말라고 하셨다.

가시기 전에 할머니와 함께 사진을 찍었다. 할머니를 쳐다보려 했는데, 슬퍼서 할머니는 못 보고 카메라만 바라보았다.

■

2017.06.17.

나도 자다 깼고 엄마도 자다 깨셔서 다시 잠들지 못하고 계셨다. 엄마는 고민이 많다고 말씀하셨다. 지금 명예퇴직을 해야 할지, 일을 더 하기 위해 나아질 때까지 버텨야 할지 고민이라고 하셨다.

그러다 고민을 멈추시고 밖에 나가자고 하셨다. 엄마가 좋아하시는 드라이브를 했다. 엄마는 직접 운전하는 것도 좋아하시지만, 오늘은 내가 운전을 했다. 차를 몰아 팔각정에 갔는데, 날이 좋아서인지 사람이 많았다. 그냥 돌아가자 말씀하시는 엄마를 모시고 윤동주 문학관 뒤쪽 공원으로 갔다. 조금 쌀쌀했고 달은 미미하게 붉은빛을 띠었다. 엄마와 함께 산책을 했다. 엄마와 나의 그림자를 카메라에 담았다. 금방 차로 돌아왔고, 집으로 갔다.

다양한 가짓수의 선택지 중 어느 하나 고르지 못한 채 불안감을 느끼시는 엄마에게 걱정하지 마시라고, 잘 될 거라고, 무엇이 되었든 간에 현실은 걱정보다 덜하면 덜했지 더하진 않을 거라 말씀드렸다. 그런 말을 하면서 엄마를 안심시키는 내가 고민 없는 사람처럼 느껴졌다. 나도 사실 불안한데 말뿐인 것 같아 괴리감이 들었다.

나 스스로에게도 자기최면을 거는 말이지만, 이 말이 잠시나마 엄마에게 힘이 된다면 좋겠다.

■

2017.06.18.

할머니가 요양원의 할아버지를 모시고 양양으로 가시기 전 말씀하신 "네가 사준 초밥을 잊지 못 할 거야"라는 말이 계속 머릿속을 맴돈다. 그 말이 왜 그렇게 슬픈지. 마지막이 아니란 것을 아는데도 왜 이렇게 슬픈지 고민했다.

방금 떠올린 답은, 그 말이 마치 먼 미래에서 들릴 말 같았기 때문이다. 오랜 시간 떨어져 지내다가 먼 훗날 다시 만났을 때, 그때 할머니가 "그 초밥을 잊지 않고 있었어"라고 말씀하신 것처럼 들렸기 때문이다. 나는 가끔 이렇게 미래의 슬픔을 끌어온다.

■

2017.06.20.

할머니가 할아버지와 함께 양양 집으로 돌아가셨다. 사실 할머니와 할아버지에겐 그게 필요했다. 나는 모든 일에 이유가 있다고 생각하고, 가만히 있는 것보단 치료를 받는 게 낫다고 믿는 사람이지만 이상하게도 할아버지는 집에 계시는 것이 더 좋을 것 같았다. 아빠는 할머니를 모시고 인천 요양원에 가셔서 할아버지를 퇴원시킨 뒤 두 분을 양양 할머니댁에 내려드리고 오셨다. 돌아오는 길이 피곤하기도 하고 맘도 편치 않으셨을 것이다. 아빠는 돌아오는 길에 무슨 생각을 하셨을까. 내가 함께 가지 못해 아쉬웠다. 이번 학기 내내 나는 학교를 핑계로 아무것도 하지 못했다. 죄송하다. 아직도 학기는 끝나지 않았다.

밤에 집에 도착하니 아빠가 돌아와 계셨다. 아빠는 할아버지가 집으로 돌아가시니 완전 쌩쌩해지셨다고 하셨다. 다만 치매는 그대로 남아서 할아버지는 마치 지금이 과거인 것처럼 말씀하신다고 한다. 양양이 아닌 할아버지 고향인 임실에서 살아가시는 것처럼 말이다. 뇌가 그렇게 생각한다면 할아버지의 눈은 과연 무엇을 보고 있을까. 이것은 뇌의 지배를 받는, 최면 같은 걸까.

아빠에게 말씀드렸더니 아빠도 궁금하다고 하셨다. 그리고 엄마와 함께 오늘 할아버지와 함께 있었던 일을 얘기하시면서 신기하고, 재밌다며 웃으셨는데 웃는 게 웃는 게 아니었다. 그 웃음은 행복이라기보다는 황당한 일이 현실이 되었을 때 보이는 웃음이었다. 아빠는 원래 억지로 웃으면 티가 나신다. 우리 집에서 억지 웃음을 자연스럽게 지을 수 있는 사람은 엄마뿐이다. 그러나 오늘은 엄마도 웃는 게 웃는 게 아니었다.

그리곤 S와 나에게 당신도 언제 그렇게 될지 모른다고 하셨다. 그렇게 되면 어떻게 할 거냐고 농담으로 물어보셨다. 나도 아빠처럼 행동할 거라고 생각하고 있었지만, 함부로 말할 수 없었다. 이상한 얘기라며 말을 돌렸다. 아빠는 할아버지의 모습에서 당신의 미래를 겹쳐보고 걱정하신 것 같다. 이건 걱정이라기보다 두려움일지도 모른다.

*

글을 쓰는 지금(22일 새벽)도 학교에 있는데, 이제 이번 학기가 대충 36시간 정도 남았다. 아빠가 보고 싶다. 엄마도 보고 싶다.

■

2017.06.21.

아침에 일어나니 목이 너무 부어있었다. 어제도 목이 조금 따끔했고, 심상치 않은 기운이 걱정되어 많이 잤지만, 며칠 밤을 새워서 그런지 피곤했다. 더 자고 싶지만 해야 할 일이 많아서 어서 학교에 가야 했다. 비타민을 먹고, 로열젤리를 먹고, 소금물로 양치를 했다. 아빠는 목이 안 좋다 하면 소금물과 프로폴리스 가글을 하라고 하신다. 소금물과 프로폴리스 가글은 우리 집 나름의 특효약이다. 프로폴리스는 어릴 때부터 효과가 좋았다.

민간요법을 쏟아붓고 난 뒤에도 목이 아팠지만 다행히 기침은 하지 않았다. 그런데 내가 이틀을 버틸 수 있을까 겁이 났지만 일단 학교에 와서 과제를 했다. 몸에 먼지가 그대로 쌓이는 듯한, 공기가 좋지 않은 설계실에서 하루를 보냈다. 과제 제출 시간이 다가오자 기침도 나오고 신물도 올라오는 것 같았다. 이놈의 스트레스.

그렇게 과제를 끝냈는데, 그때부터 기침을 심하게 하기 시작했다. Y를 데려다주러 기숙사에 갈 때도 그랬다. 나는 내가 아픈 것보다 내가 아파서 엄마한테 옮기면 어쩌지 하는 맘에 걱정이 앞섰다. 내일은 병원에 가서 약을 받아와야겠다. 걱정이 된다. 나는 이제 쉬면 나을 수 있지만, 엄마한테 옮기면 안 되는데.

■

2017.06.25.

요양원에 자리가 났다고 한다. 고민하는 사이에 금방 자리가 없어질까 봐 엄마는 서둘러 들어가시기로 했다.

입소하기 전, 이것저것 문의하신 엄마는 요양원으로 가면서 흥미로운 이야기를 해주셨다. 요양원에는 남자 환자보다 여자 환자가 상대적으로 많다고 한다. 그런 모습에서 여자가 남자보다 더 많이 병에 걸린다고 생각할 수 있는데, 그건 아니라고 하셨다. 남자가 아프면 집에서 잘 챙겨주는 경우가 많은데, 여자가 아프면 챙겨줄 사람이 없거나 있어도 제대로 못 챙겨줘서 결국 요양원에 들어간다고 하셨다.

이런 곳에서 성역할의 불균형이 나타난다. 한 사람이 아프면 다른 한 사람이 경제적 부담과 간호에 대한 부담을 모두 안게 된다. 각 가정마다 상황과 이유가 있겠지만, 결과는 이렇게 나타난다.

■

2017. 06. 26.

아빠가 잠 못 들고 계시길래, 옆에 누워 잡담도 하고 뒹굴뒹굴했다. 옛날부터 자녀들이 부모님의 잠자리를 봐드리는 마음이 이런 마음이었을까? 요샌 나도 엄마, 아빠가 잠드시기 전에는 잠이 잘 안 올 때가 있다. 아빠는 어제도 잠을 설치셨는데, 오늘도 잠이 안 온다고 말씀하셨다. 내가 해드릴 수 있는 것은 좋은 말뿐인 것 같아 고민하고 있었는데, 아빠가 먼저 선수를 치셨다. “아들들한테 피해 안 가게 할게.” 그 말을 들으니 왈칵 눈물이 났다. 아빠 옆에 누워 몰래 눈물만 흘려보냈다. 달이 밝지 않아 다행이다.

요 며칠 동안 아빠, 엄마 두 분 모두 힘드셨을 것이다. 나는 나도 힘들다는 핑계로 오늘 청소도, 설거지도 못 하고 나갔다 왔다. 아빠도 매일 힘드실 텐데, 나도 모르게 ‘언젠가 누군가 하겠지’라고 생각했나보다. 그 누군가는 대부분 아빠다. 나는 못났다. 그리고 아빠는 대단하시다. 아빠는 이십 대 후반부터 가족만 보고 살아오셨는데 여전히 가족만 바라보신다. 이젠 안 그러셔도 되는데….

■

2017.07.01.

엄마가 입소하신 요양원과 우리 집은 왔다갔다하기엔 거리가 있었다. 좀 더 효율적인 간호를 위해 아빠는 요양원 주변에 방을 얻고 그곳에서 지내기로 하셨다. 요양원이 조금 외진 곳에 있었지만 마침 운 좋게 차로 20분 거리에 있는 집을 구할 수 있었다. 오늘은 아빠가 그 집으로 이사하는 날이었다.

모든 짐을 다 가져가는 것이 아니기에 엄마와 아빠의 짐은 그리 많지 않았다. 작은 봉고 한 대에 다 실을 수 있을 정도였다. 엄마를 제외한 나머지 가족들이 한 시간 조금 넘게 옮기니 끝이 났다. 집에서 엄마, 아빠의 짐을 빼내고 동아리 행사에 가야 하는 나만 집에 남기로 했다. 엄마, 아빠와 S는 트럭과 자가용에 나눠 타고 가평으로 떠났다. 엄마에게 "잘 다녀오세요"라고 말했다. 꼭 다시 돌아오시라는 말이었다. 그 말과 함께 배웅을 하고 집에 다시 들어오니 너무 서러워, 현관에서 펑펑 울었다. 엄마가 아침에 우시면서 아무것도 아니라고 하셨을 때, 그 이유도 내가 운 이유와 같지 않을까. 27년 만에 처음 겪는 일. 원치 않는 이유로 우리가 따로 살게 된 것. 울다 울다 겨우 씻고 나갈 수 있었다.

저녁에 집으로 돌아와 컴퓨터를 사용하러 안방으로 들어서며 불을 켜는데 붙박이장과 벽 쪽에 있는 서랍장만 남은 텅 빈 공간에서 불 켜는 버튼의 소리가 "탁" 하고 울렸다. 가구가 비워진 방을 울리는 소리가 침대와 책상이 공간을 채우고 있던 어제의 소리와 너무 달라서 이상했다. 버튼을 수백, 수천 번 켜고 끄면서 들었던 소리는, 어떤 소리인지 떠올릴 순 없지만 너무 다르게 느껴졌다. 어색한 것에 적응해보고자 문지방에 서서 몇 번이나 불을 켜고 끄고, 박수 소리도 내보았다. 그래도 허전함은 사라지지 않았다.

■

2017.07.05.

아빠와 점심을 먹는데 아빠의 파란 반팔 카라티가 아빠와 썩 잘 어울렸다. 그 모습을 남기고 싶어 찍으려는데, 평소였으면 손가락으로 브이를 만드시거나 웃으시던 아빠가 영 힘이 없어 보이셨다. 스마트폰 액정에 나타난 아빠를 바라보는데, 먼 미래에는 이런 모습도 그리워지겠다 싶어 조금 울컥했다.

요양원에 엄마를 간호하러 갔을 때, 엄마와 운동장 벤치에서 앉아 있었다. 그때 엄마는 고개를 숙이시고 스마트폰을 보고 계셨는데, 그 모습이 왠지 따스해서 엄마의 뒤통수를 카메라에 담았다. 그때의 사진을 보니 엄마의 부스스한 머릿결이, 보기만 해도 머리카락이 만져지는 듯한 기분이 든다. 남들이 보면 노출도 오버되고 그냥 부스스한 뒷머리를 찍었네 하겠지만, 나에겐 이렇게 정겨운 사진이 없다.

■

2017.07.12.

작은 마당에 아빠가 구해오신 목재 팔레트를 깔고 그 위에 흙을 담은 스티로폼 상자나 화분을 두고 씨를 심었다. 삼각형 같고 오각형 같은 피자 조각 모양의 작은 정원은 엄마의 정원.

밤에도 정원이 어둡지 않게 작은 태양광 발전등을 세워두었다. 낮 동안 열심히 빛을 받아 밤에 빛나도록. 혹여나 흐린 날엔 안에 들어있는 배터리로 빛나도록.

토마토도 심고, 상추도 심고, 고추도 심고, 작은 소나무도 가져다 두었다. 금방 자라나서 열매 맺는 동안 엄마는 무슨 생각을 하셨을까. 엄마가 식물에서 본 것은 희망일까, 대리만족일까. 예전에 사진을 찍었을 땐 그저 엄마가 식물 수확하는 모습을 찍은 거라고 생각했는데, 다시 보면 볼수록 식물을 바라보며 생각에 빠지신 것처럼 보인다.

■

2017.07.15.

뒷산에서 찍은 엄마 사진을 보고 있는데, 이상한 기분이 든다. 사진 속 엄마가 서계신 곳은 분명 길이 맞다. 나도 곧 저쪽으로 가야 하는 순간인데, 왜 사진을 볼 때마다 엄마만 저 속으로 들어가 버리실 것 같아 보일까. 그래서 그 사진에는 '어디 가요 엄마'라는 글이 함께 쓰였다.

조금 알아보기 힘들게 편집을 해서 그렇지, 사실 현실은 사진보다 밝은 날이었다. 아주 미묘한 차이지만 사진이 좀 어두워 보인다. 엄마의 노란 모자, 불렀을 때 뒤돌아보시던 모습, 따뜻한 봄날의 해질녘.

■

2017.07.16.

요양원에서 밤새 엄마 옆에 있다가 아침이 되어 첫차를 타러 나왔다. 찍어놓은 사진을 보니 전날에도 요양원, 다음 날도 요양원에 있던 걸로 나오는데, 왜 그 아침에 첫차를 타고 서울로 돌아왔는지 기억이 나지 않는다. 기억에 남는 것은 사진뿐이라는 흔한 말에는 사진으로 기억이 대체될 수도 있다는 뜻이 포함되어 자주 쓰고 싶진 않지만, 남은 것이 정말 사진뿐이다. 아니, 사진과 동영상뿐이다.

첫차를 기다리며 찍은 동영상에는 첫차는 안 오고 웬 비만 주룩주룩 쏟아졌다. 플랫폼에는 비를 겨우 피할 수 있게 철판으로 지붕을 씌워두었는데, 빗소리가 철판을 울려 더 크게 들린다. 아마 피곤하고 조금 지쳐있었는데, 빗소리가 시원해서 찍어놓은 것 같다. 한동안은 동영상을 볼 때마다 당시의 상황이 떠올랐는데, 이제 남은 것은 동영상뿐이다. 더이상 기억도 감정도 잘 떠오르지 않는다는 게 웃기다.

■

2017.07.20.

엄마가 집에 오셔서 맛있는 걸 해드리고자 했다. 엄마는 김밥이 먹고 싶다고 하셨고, 난생처음 김밥을 만들어보았다. 김밥은 재료도 별거 없고 간단하게 보이지만 손이 많이 가는 음식이었다. 김밥을 말기 전에 정신부터 말아버릴 것 같았다. 그럭저럭 말아서 김밥을 완성하긴 했는데, 그동안 김밥을 만들어주신 엄마가 새삼 대단해 보인다.

엄마는 어떻게 직장을 다니시면서 소풍날마다 내가 남이 만든 김밥을 먹지 않게 하셨을까. 한동안은 김밥을 넘어 계란 가루로 마무리한 주먹밥도 싸주셨다. 도대체 엄마는 몇 시에 일어나 김밥을 싸셨을까. 평소보다 일찍 일어나셔서 김밥을 준비하시던 엄마의 마음이 어땠을지 생각해본다. 소풍날 아침마다 완성되어 있던 김밥은 뚝딱 완성되는 게 아니었다. 나는 이제서야 그걸 깨닫는다.

엄마가 싸주신 김밥이 먹고 싶다. 남은 김밥 재료로 아침을 해결하고 싶다.

■

2017.07.22.

필름 사진 한 통을 찍는데 보통 2~3주 정도 걸리다 보니, 사진을 찍고 한 달 정도 지난 뒤에야 현상한 사진을 보게 된다. 사진에 날짜가 기록되어 있지 않아 사진을 언제 찍었는지는 기억에 의존하는 수밖에 없다. 오늘도 사진을 보는데 사진을 찍은 날이 정확하게 기억나지 않았다. 엄마가 아프신 지 몇 개월 되지도 않았는데, 기억이 뒤죽박죽이다. 아마 이 날은 엄마를 모시고 S대병원으로 외래를 다녀온 날일 것이다. 이때의 엄마는 아직 얼굴이 많이 붓지 않으셨다. 항암제 복용을 시작하기 전에 찍은 것인가보다.

혜화동의 커다란 횡단보도 근처에서, 동생과 함께 서둘러 길을 건너시는 엄마. 나는 이 사진을 좋아한다. 이 사진을 가장 좋아한다는 것은 아니지만, 순위를 매길 수 없는 '좋아하는 사진' 중의 한 장이다. 손을 잡고 있는 게 내가 아니라 동생이지만, 나는 이 사진을 볼 때마다 엄마가 내 손을 잡고 있는 기분이 든다. 조금 까슬까슬해진 엄마의 손. 그 손을 잡는 기분이 든다.

사진 속의 엄마는 아직 산소 보조기를 달고 다니셔야 할 만큼 폐가 나빠지지도 않았다. 그저 먼지를 피해 마스크를 쓰는 정도. 이때는 산소 보조기 없이 걸어가며 웃고 손을 들어 브이를 만들어 보이시는 모습이 얼마나 소중한지 몰랐다.

사진의 제목은 '엄마, 조심히 와요.'

■

2017.07.29.

흔히들 그런 말을 한다. "엄마는 다 알고 계셔." 얼마나 정확한 말인지를 떠나서 많은 사람이 공감하는 걸 보면 어머니들은 자식들이 예상하는 것보다 많은 걸 알고 계시나 보다.

엄마가 일본에 치료받으러 가시던 날, 공항 라운지에 앉아서 다른 곳을 바라보는 엄마의 사진을 찍었다. 이때 엄마는 다른 방향을 바라보면서 나에게 사진을 찍고 있냐고 물으셨다. 나는 SNS에 이 사진을 올리고, 사진의 제목을 '엄마는 항상 내가 보이시나 보다'라고 했다. 엄마를 보고 있자면, 내가 엄마를 보는 동안 엄마도 나를 보고 계신다는 느낌을 자주 받았다. '다 알고 계시는 엄마'는 '다 보고 계시는 엄마'와도 일맥상통할지도 모른다. 그래서 이 글을 쓰는 지금 엄마와 떨어져 있어도, 엄마 생각을 자주 한다. 엄마도 내 생각을 하실까 봐.

■

2017. 08. 19.

일기를 써야겠다. 간단하게라도. 이러다 글씨 쓰는 게 어색해지겠다.

*

아침에 렌터카를 빌려서 축구를 하고 왔다. 친구들과의 축구는 늘 즐겁다. 축구의 즐거움은 이기고 지고와 관계없이 누구와 함께하느냐에 있다. 즐거움과는 별개로 물집이 생겼는지 쓰라리다. 금방 나을까 모르겠다.

양양에 가신 할아버지가 다시 병원에 입원하셨고, 할머니는 할아버지를 조금이라도 자주 만나러 가시기 위해 당분간 우리 집에서 지내기로 하셨다.

오늘은 집에 돌아와 할머니께 요리를 해드렸다. 아주 흡족해하셨다. 할머니는 내가 요리할 때면 마음이 불안하신 건지 내가 하는 요리가 신기해서 그런 건지 계속 주방으로 오신다. 가서 편히 기다리시라고 쫓아내도 현관으로 나가셔서 주방 창문으로 구경하신다. 오늘도 틈틈이 구경하시더니 '각시 없어도 되겠네'라고 하시며 좋아하셨다. 뿌듯하다.

할머니가 목욕을 가고 싶어 하셔서 버스를 타고 목욕탕에 가는 길을 알려드렸다. 가는 동안 물집이 터져 발이 쓰렸다. 그런 나의 고통을 모르는 할머니는 당신이 어릴 적부터 길눈이 밝았다고 말씀하시며, 8살 때 시집간 큰언니 집에 혼자 다녀와서 가족들에게 엄청 혼난 얘기를 하셨다.

할머니는 목욕하러 들어가시고, 나는 물집이 덧날까 봐 목욕탕 앞 편의점에 앉아 책을 봤다. 그 편의점에만 파는 캐러멜 아이스크림을 먹을 수 있을 줄 알았는데, 그 큰 곳에서 취급을 안 한다 해서 크게 실망했다. 그리고 할머니께 드릴 교통카드를 샀다.

할머니의 손을 잡고 목욕탕에 다녀오는 동안 내가 어릴 때도 이렇게 할머니 손을 잡고 다녔겠지 싶었다. 그때는 할머니가 나를 데리고 다니셨지만 지금은 내가 할머니를 모신다.

*

오후에 외할머니가 엄마에게 좋은 석류를 위해 석류나무를 샀다고 하셨다. 엄마, 아빠가 이사하신 집 앞에 갖고 가서 심어주라고 하셨다. 처음에는 짜증이 났다. 석류가 몸에 좋다면 사 먹으면 되는데 그걸 왜 거기까지 가져가서 심으라 하시는 건가 싶었다. 외할머니는 엄마한테 좋은 석류를 주고 싶은데, 우리 집이나 외할머니 댁은 도시라 공기가 안 좋고 의정부 농장의 밭은 너무 멀어서 누가 훔쳐갈까 겁나고. 그러니 엄마, 아빠 집 앞에 심어야 한다고 하셨다. 엄마를 위한 일인데, 짜증이 났다. 어디서 오는 짜증이었을까.

■

2017.08.20.

어젯밤 늦게 잠들어서 겨우 일어났다. 9시 30분쯤 되었는데, 할머니가 아침 먹어야 하니 얼른 일어나라고 재촉하셨다. 배고프다고 하셨다. 아마 7시쯤 일어나셨을 텐데, 왜 식사를 먼저 안 하셨을까. 먼저 드셔도 되지 않나 싶었다. 이 와중에 할머니는 갈치도 굽고 미역국도 끓이셨다고 하셨다. 순간 그 모습을 보니 내가 요리할 때 먹어주길 바라는 사람이 안 먹어준다면, 얼마나 서운할까 싶어서 죄송한 마음이 들었다. 좀 더 자려다 일어나 아침을 먹었다. 아침을 드시며 할머니가 밥을 혼자 먹으면 심심하다 하셨다. 할머니는 나나 다른 누군가와 있을 때, 입을 쉬지 않으시는데 조용히 혼자 밥을 드실 때면 얼마나 심심하실까.

■

2017.08.21.

어제는 엄마 간병을 위해 요양원에 다녀왔다. 서울 지하철보다 배차 간격이 더 길고 역과 역 사이가 먼 지하철을 타고 먼 길을 간다. 엄마를 위해.

요양원 입구에서 엄마 옆 침대 환자분과 그분의 언니를 만났다. 정말 마르셨다. 골격도 작은 편이신 것 같은데, 병으로 인해 더 마르셔서 엄청 야위어 보인다. 요즘 엄마도 엄청 마르셨다. 마른 걸 넘어 야위셨다. 엄마의 얼굴과 팔이 부어있을 때는 몰랐는데, 최근에 만져본 엄마의 엉덩이와 다리는 너무도 야위었다. 엄마가 부으셨을 땐, 암 진단을 받은 초창기의 사진과 너무 달라서 사람이 몇 개월 사이에 이렇게 변할 수도 있구나 싶었다. 안 빠질 것 같았던 붓기가 어느 순간 다 빠져나갔고, 야윈 몸만 남았다. 사람의 몸이 이렇게 빠른 시간에 마를 수 있구나 싶다. 옆 침대 환자분처럼 엄마도 마르실까 걱정이다. 잘 드셔야 할 텐데.

엄마는 새로운 약을 드시면서 호흡의 어려움과 땀을 많이 흘리는 증상을 겪고 계신다. 땀이 정말 많이 흘러나온다. 계속 옷이 젖어서 갈아입어야 하고, 샤워도 자주 해야 한다. 샤워하는 동안에는 호흡이 모자랄까 봐 이동식 산소 호흡기가 필요하며, 샤워하고 옷을 갈아입을 때는 호흡기를 조심히 떼어내야 한다. 얼마나 힘드실까. 흘린 만큼 잘 채워야 할 텐데 그렇지 못하다.

병원에서 엄마는 완전 채식 식단으로 식사를 하신다. 무슨 냄새인지 모르겠지만 식사 때만 되면 병원에 알 수 없는 냄새가 난다. 난 그 냄새가 조금 불쾌하다. 완전 채식 식단인데 이 불쾌함은 어디서 오는 것일까.

밥을 먹고 나니 옆방 청년이 엄마를 뵈러 왔다. 이 청년 외에도 엄마보다 조금 더 상태가 괜찮은 분들이 종종 놀러 온다. 그런데 난 이 분도, 다른 분도 대하기가 어색하다. 환자를 대하는 게 어려운 것일까? 이 청년이 나보다 어린데 인생을 다 산 것 같이 행동해서일까? 이런 생각을 갖는 내가 못났다. 모두 고마운 사람들이다.

창가 쪽엔 새로운 분이 입원했다. 그분의 보호자들은 입원 수속을 끝내고 집에 가셨다. 이 병실이 보호자와 함께하는 병실인 걸 몰랐다고 한다. 혼자만 우두커니 계신다. 혼자 계시면서 채식 식단이 익숙지 않아 식사도 제대로 못 하시는 모습이 안쓰럽다.

밥을 먹고 기절했다. 그리고 다시 일어나 이불을 깔고 엄마를 도와드렸다. 옷 갈아입는 것과 화장실 가는 것을 도와드렸다. 엄마는 내가 자니까 급할 때까지 날 깨우지 않으신 듯하다. 한심한 나. 10시쯤 아빠가 오셨다. 나는 스마트폰으로 웹툰을 보고 엄마, 아빠는 잠드셨다. 아빠는 소파에서 주무시다가 3시쯤 엄마가 깨셨을 때 일어나셨다. 나는 엄마를 돕고 지켜보다가 3시가 넘어서야 잠이 들었다. 아빠와 엄마는 언제 잠이 드셨을까.

■

2017.08.22.

일어나니 아빠가 간이 인덕션으로 곰탕을 데우고, 통조림 햄과 참치를 굽고, 인스턴트 밥을 데워 오셨다. 환자인 엄마에게는 식사가 제공되지만, 우리는 알아서 밥을 해결해야 한다. 아빠가 잘 주무시긴 한 건지 모르겠다. 그 와중에 부지런하시다. 끼니마다 이렇게 식사하시는 게 아주 불편하실 것 같다. 마치 제대로 갖추지 못한 채 자취하는 느낌이다. 나는 식사할 때나 샤워할 때 이방인의 마음가짐을 갖는다. 마치 곧 편한 집에 갈 이방인처럼, 잠깐 불편해도 곧 집에 간다는 마음으로 참는다. 그리고 집 가는 길에 먹고 싶은 걸 사 먹어야겠다는 보상심리를 이용하여 견딘다. 하지만 아빠는? 엄마는? 아마도 나와는 다른 마음일 것이다. 나는 엄마, 아빠의 힘듦을 얼마나 이해하고 있을까. 이렇게 생활하는 것이 익숙해 보여도 익숙해지는 데까지 많은 스트레스가 있었을 것이다.

아침을 먹는데 어제 새로 온 분이 외로워하시는 게 보였다. 역시 아직도 식사가 잘 안 맞는 듯하다. 나는 그 모습을 보고도 애써 외면했다. 내가 너무 피곤하고 내 식사도 마땅치 않다는 이기적인 마음에 그랬다. 내가 힘드니 누군가를 챙길 마음이 들지 않았다.

문득 초등학교 때 일이 생각난다. 출근하시는 아빠 차에 나와 엄마가 함께 타고 있었다. 순서상 엄마가 먼저 내리시고, 내가 학교에 내려야 했다. 그날은 늦게 나와서 지각하게 된 날이었다. 겨울이어서 차 밖은 추웠고, 나는 마음이 급했다. 학교를 향해 가는 도중에 엄마, 아빠는 저 앞에 나와 같은 학교 학생이 걸어간다며 태워주자고 하셨는데, 나는 내가 급하다는 마음에 모르는 학생이라는 마음을 더해 그냥 가자고 우겼다. 결국 그 학생을 태우지 않고 지나쳤는데 엄마, 아빠가 내게 못됐다고 하셨나, 이기적이라고 하셨나 그랬다. 짧은 등굣길이었지만 그때 들은 말이 상당히 충격적이었다. 그 기억이 떠오른 아침이다. 나는 여전히 내가 힘들 때 누군가에게 손 내밀지 못하는 사람인가보다.

■

2017.08.23.

개강을 앞둔 요즘 앞으로 뭘 해야 할지 모르겠다. 개강해도 지금처럼 틈틈이 그림 그리고 일기 쓰고 운동하는 게 계속되면 좋겠다.

비가 많이 쏟아진 하루였다. 왔다가 그쳤다가, 퍼붓다가 슬슬 오다가 하며 변화무쌍함을 보여주었다. 지난번에 폭우가 쏟아질 때 안방 천장에 물이 조금 스몄들었었는데, 또 물이 스미진 않을지 걱정이 됐다.

냉동실에 있는 떡으로 궁중 떡볶이를 했다. 너무 짜고, 소고기가 많은 것 같아서 떡과 야채만 약간 남겨두고 남은 재료로 볶음밥을 했는데 아주 좋았다. 성공. 할머니는 손자 덕에 이런 것도 먹는다며 좋아하셨다.

*

할머니가 내 여권을 보시더니, 당신의 여권은 아마 기한이 다되었을 거라고 하셨다. 그리고 할아버지는 앞으로 여권을 만드실 일이 없을 거라고 하셨다. 먼 미래에, 여권을 더이상 갱신할 시간이 남아있지 않는 때가 온다면 어떤 기분이 들까? 안녕, 여행을 사랑하는 나의 인생.

■

2017.08.24.

어제 어떻게 잠을 잔 걸까. 분명 시원한 밤이었는데, 나는 왜 입고 있던 티셔츠를 벗어버린 건지 모르겠다. 그것도 내 방이 아닌 안방에서 말이다. 드문드문 떠오르는 기억 속 나는 일찍 일어났다가 안방에 잠깐 누웠다 일어나야지 생각했다. 그사이 더워서 벗고 온 것 같기도 한데 확실하지가 않다. 결론은 여름인데 추운 아침을 맞이했다는 것이다. 방문 앞에서 창문을 향해 켜진 선풍기의 바람과 창에서 불어오는 시원한 바람으로 냉방병에 걸렸다. 처음엔 감기몸살인 것 같아 걱정부터 앞섰다. 엄마가 오늘이나 내일 집에 오실 텐데, 엄마한테 옮기면 어쩌지 하는 걱정이 들었고, 다른 곳으로 피해있어야 하나 고민하다 병원에 입원하는 상상까지 했다.

조금 있어보니 몸살은 아닌 것 같고 두통만 있었다. S에게 김치볶음밥을 해달라고 부탁하고 진통제를 먹었다. 내가 김치볶음밥을 해줘야 할 만큼 아파 보였는지, S가 김치볶음밥을 해주었다. S의 김치볶음밥은 국물이 좀 많이 들어가 질었고, 함께 넣은 김자반도 흐물흐물했다. 그래도 맛있었다.

3시쯤 외삼촌이 오셔서 물이 새는 외벽 방수처리에 대해 논의했다. 옥상에 올라가 보고, 옥탑방도 확인한 결과 외벽에 방수가 필요하다는 결론이 났다. 옥탑방 청년이 여름을 못 견디고 결국 에어컨을 설치했는지, 옥상에 실외기가 보였다. 며칠 전 와이파이를 물어보던데, 와이파이보다는 에어컨이 더 급했나 보다. 방에 에어컨이라니, 나도 옥탑에 올라가 살고 싶다.

옥상에서 시원하고 상쾌한 바람을 맞으며 아래를 내려다보고 있으니 두통이 좀 나아졌다. 옥상에서 보는 풍경은 항상 멋지다.

밤에는 M을 만나 게임을 하고 왔다. M네 집 근처 PC방에는 업그레이드된 컴퓨터가 드문드문 있었다. 좋은 컴퓨터에서 사양을 높이고 게임을 하니 보이는 게 달랐다. 뭔가 영화 같았다.

내일은 엄마가 오신다. 아침 일찍.

■

2017.08.25.

어제 M과 게임을 하다가 밤늦게 잠들었는데, 다행히 일찍 일어났다. 그래서 나름 여유 있을 거라 생각했는데, 전혀 여유 있지 않았다.

오늘은 엄마가 대학병원에 오기로 하신 날이다. 엄마와 같은 환자는 구급차를 이용해야 한다고 한다. 구급차는 당장 위급한 환자만 이용하는 건 줄 알았는데, 엄마의 경우 일반 차량으로 이동하기엔 돌발상황에 대처할 수 없어서 구급차를 이용해야 한다고 한다. 병원에서 구급차를 지원해주는 줄 알았는데, 유료였다. 13만 원. 용달 가격과 거의 같다. 아파도 세상에 공짜는 없다. 아빠는 차를 가져오셔야 해서 구급차엔 엄마만 타시고, 아빠는 따로 오셨다. 그래서 내가 먼저 병원으로 가서 엄마를 지키고 있어야 했다.

며칠 전 자동 산소 호흡기로 바꾸기를 잘했다는 생각이 들었다. 산소통을 달고 다니는 것을 불편해하는 엄마가 안쓰러웠는지 아빠가 찾아오셨다. 옆에서 엄마를 보살피고 있는데, 내가 알아서 잘 할 것들을 자꾸 걱정하셨다. 아픈 사람이 뭔 걱정이 그리 많으시냐며, 엄마에게 짜증을 내었다.

엑스레이를 찍으러 올라가시는데, 엄마가 갑자기 "잠깐!"이라고 하셨다. 통증이 오거나 어디 아프신 건가 했는데, 앞에 가는 병원 직원이 졸업생 같다고 하셨다. 엄마는 아직도 누군가 당신의 아픈 모습을 보는 게 싫으신가 보다. 나랑 아빠는 종종 그런 엄마가 답답하지만, 엄마에겐 아파도 내려놓을 수 없는 것들이 있다.

엑스레이 촬영을 마치고 결과를 기다리고 있는데 아빠가 도착하셨다. 위급한 상황도 아니었는데, 아빠의 모습을 보니 마음이 놓였다. 아빠는 가족에게 그런 존재다.

외할머니가 전화를 하셨다. 엄마가 서울로 오신 걸 아시고 병원에 와도 되냐는 전화였다. 나는 내 맘대로 오시라 할 수 없어서 엄마, 아빠에게 여쭤봤고, 엄마는 여길 뭐하러 오시냐고 짜증을 내셨다. 아빠는 애들한테 전화하지 마시라며 외할머니를 설득하셨다. 난 우선 엄마의 짜증에 놀랐고, 아빠가 외할머니에게 하신 말씀에 당황했다. 아빠는 우리가 불편할까 봐 그렇게 말씀하신 것이겠지만, 어느 쪽의 말을 들어도 한쪽이 상처받을 수 있는 상황에 이러지도 저러지도 못하고 당황스러웠다.

참 이상하다. 이 상황에 답은 없다. 그저 모두 서로를 생각하는 것일 뿐이데 이런 상황이 벌어진다. 외할머니는 아픈 딸이 걱정되어 보고 싶으셨고, 엄마는 이런 모습을 할머니에게 보이기 싫어하셨다. 나는 그런 엄마의 마음처럼 항상 과하게 걱정하는 외할머니의 모습이 보기 싫었고, 아빠는 내가 중간에서 불편하실까 봐 걱정하셨다. 서로가 서로를 위하는데, 결과는 서로를 향한 짜증이다. 뭐가 문제일까. 삶은 소설보다 복잡하다. 답이 없고 힘들다.

결국 외할머니는 고집대로 병원에 오셨고, 그때 엄마는 흉수를 빼고 계셨다. 할머니를 본 엄마는 우셨다.

이제 엄마는 엄마만 생각하시면 좋겠고, 외할머니는 고집을 좀 내려놓으시면 좋겠다. 물론 이게 정답이라는 것은 아니다.

입원 기간 내내 엄마 담당 연구간호사 선생님이 아주 잘해주셨다. 설명도 잘해주시고 걱정도 많이 해주셨다. 입원 기간 중 오늘이 가장 고마웠다. 그 순간 언젠가 간호사가 될 SJ가 생각났다. 연락했더니 실습 중이라며 하늘색 유니폼에 가운을 입은 사진을 보내주었는데, 그걸 보니 SJ에게 미리 고마웠다.

아빠는 5시부터 거의 안 주무셨다. 얼마나 피곤하실까. 나는 아빠가 종종 엄마 근처에서 한숨을 쉬거나 힘들다 하시는 게 싫지만, 사실 아빠는 엄청 참고 또 참는 중이실지도 모른다. 나는 그 힘듦의 일부도 이해하지 못한다. 대단한 아빠. 아빠의 헌신적인 모습이 아빠 스스로를 힘들게 할까 봐 걱정이다.

■

2017. 08. 26.

엄마는 얼굴이 많이 부으셨다. 띵띵 부어서, 뒤통수에서 볼을 지나 코에 닿은 산소 공급 줄이 볼을 누를 정도로 부으셨다. 목소리도 많이 변하셨다. 너무 변해서 아주 가끔 들리는 원래 엄마 목소리에 놀랄 때가 있다. 그 목소리가 그리운 만큼 지금의 목소리를 들을 때마다 마음이 아프다. 하지만 몇 개월도 안 되는 시간 동안 나는 그새 변한 엄마의 목소리에 적응하고 익숙해졌다. 이런 게 무섭다. (그리고 글을 쓰는 2021년 지금, 엄마의 목소리가 어떻게 변했었는지 가물가물하다. 기억이란 이런 건가 보다. 너무나 얇고 연약하다.)

■

2017.08.27.

집으로 오는 길에 아보카도 덮밥을 해먹기 위해 마트에 들렀으나 아보카도가 다 팔리고 없었다. 조금 돌아가서 다른 마트에 갔으나 일요일에 문을 닫는다는 걸 몰랐다. 혹시나 하고 시장을 돌았으나 역시나 없었고, 근처 또다른 마트에 전화했으나 휴일, 구청 건너편에 있는 마트는 취급을 안 한다고 했다. 집에서 가장 가까운 마트에 들렀다가 점점 멀어져가고 있었다. 아보카도를 구하러. 할머니에게 곧 간다 했는데, 이러다 다른 동네에 있는 대형마트까지 갈 것 같았다. 다행히 주변 작은 슈퍼에서 살 수 있었다. 안 익은 것 네 개와 과하게 익어 살짝 불안한 것 한 개가 있어서 두 개를 샀다. 슈퍼에서 나오니 집 앞까지 가는 버스가 바로 도착했다. 배차시간이 20분이나 되는 버스인데, 바로 탈 수 있다니. 행운의 아보카도. 아보카도를 사고 집에 왔는데, 이번엔 고추냉이가 없었다. 집 앞 편의점에 갔으나 없다고 해서 조금 더 멀리 떨어진 편의점까지 가서 샀다. 요리하기 힘든 하루다.

그렇게 퀘스트를 하듯이 재료를 모아 할머니에게 아보카도 덮밥을 해드렸다. 조금 과하게 익은 아보카도라서 안 좋아하실 줄 알았는데, 다행히 고추냉이 간장과 김자반의 짠맛에 묻혔다. 지금까지 해드린 것 중에 가장 맛이 있었다고 하셨다. 남은 아보카도는 며칠 뒤에 먹어야지. 할머니의 반응이 좋아서 행복하다. 여름 방학 마지막 날이다. 가을이 오고 있다.

■

2017.09.06.

며칠 전으로 거슬러 올라간다. 이번 주 수요일은 설비 수업 대신 삼성동에서 열리는 강연에 참석해야 하는 날이었다. 화요일에 받은 과제를 금요일까지 끝내야 했고, 수요일에 엄마에게 다녀오면 과제를 할 수 있는 날은 목요일뿐이었다. 그러려면 수요일 오전에 설계실 자리를 세팅하고, 한 시 강연을 들어야만 해서 수요일 아침부터 짐을 바리바리 싸서 학교에 가야 했다. 컴퓨터와 두 칸짜리 책장, 자고 나서 갈아입을 옷을 챙겼다. 거기에 평소 메는 가방과 강우에 대비한 긴 우산까지 짐이 상당했다. 택시를 불러 짐을 싣고 학교로 갔다. 학교에 도착해 짐을 옮기는데, 컴퓨터를 다 옮겨갈 때 즈음 빗물이 떨어지기 시작했다. 속도를 더 내야 했다. 옮기다 보니, 지난 학기엔 어떻게 옮겼는지 기억이 나지 않았다. 지지난번까지는 아빠가 도와주셔서 가능했지만, 지난번엔 어떻게 했는지 기억이 나지 않는다. 서둘러 짐을 풀고 책상에 깔아 놓을 하드보드지를 사 온 뒤, 강연장으로 향했다.

강연장에 도착하니, 선착순으로 들어가야 들을 수 있는 강연들은 이미 다 만석이었다. 물과 관련된 강연을 뒤에 서서 겨우 듣고 나왔다. 더 늦어질지도 몰라서, 아빠에게 오늘 못 갈지도 모른다고 말씀드렸다. 못 가는 게 너무 죄송한 데다가 아빠의 목소리를 들으니 마음이 아팠다. 강연을 후딱 듣고 부스를 구경하고 있는데, 아빠가 괜찮다고 전화를 하셨다. 아빤 내가 요양원에 못 가는 상황으로 인해 신경을 쓸까 봐 걱정하셨나 보다.

돌아다니는데 짐이 너무 많아서 어깨가 아프고 피로했다. 크로스백을 오른쪽 어깨에 메고 캔버스백은 왼쪽 어깨에 메었다. 양쪽에 걸면 한쪽에 다 걸었을 때보다 덜 아플 줄 알았는데, 골고루 둘 다 아팠다.

Y와 있다가 다른 후배를 만나 저녁을 먹고 있는데, 아빠가 구급차를 타고 대학병원으로 오실 거라고 하셨다. 학교로 가려던 계획을 바꾸어 서둘러 밥을 먹고 병원으로 출발했다.

지하철에서는 긴장이 풀리고 배가 불러서 자리에 앉자마자 졸기 시작했다. 졸린 몸과 무거운 짐을 들고 긴 환승통로를 걸어 4호선으로 갈아탔다. 4호선에서도 운 좋게 앉아서 갈 수 있었다. 가는 길에 생각지도 못한, 파리에 있는 Sid에게 전화가 왔다. 이런저런 힘든 이야기를 털어놓고 나니 좀 편해졌다. 통화는 외삼촌이 기다리고 계시는 응급실 앞까지 이어졌는데, 곧 도착한다는 구급차의 전화에 가로막혔다.

곧 엄마가 도착하셨다. 이동식 침대에 누워 겨우 내리신 엄마는 힘겨워 보였다. 숨이 차서 급하게 오셨다고 한다. 며칠이 지나고 일주일도 안 되는 시간 동안 정신없이 바뀌어 버린 상황에서 돌이켜보면, 항상 당시에는 많이 아파 보였는데 지금 돌아보면 그때는 아무것도 아니었다고, 오히려 건강한 거였다는 생각이 든다. 우리는 점점 나빠지고 있었다.

차를 운전해서 따로 오신 아빠는 조금 뒤에 도착하셨다. 응급실의 조치 덕에 왼쪽의 흉수를 빼내고 나서야 엄마는 좀 나아지셨다. 시간은 열한 시를 바라보고 있었고, 우리는 결정을 해야 했다. 가까운 집으로 갈지, 요양원으로 돌아갈지. 엄마는 요양원으로 가자고 하셨다. 엄마에게 요양원이 더 아늑해서 그렇게 말씀하신 것은 아닐 것이다. 그저 의료진이 가까이 있으니 더 안전할 거라고 생각하셨겠지.

병원에서 나와 밥을 먹기로 했다. 나도 배가 고팠지만, 살이나 빼겸 S와 아빠만 보내고 나는 엄마와 함께 있었다. 엄마는 제자나 아는 사람을 만날지도 모르고, 걷는 것도 힘이 들기에 차에 있기로 하셨다.

S를 집에 내려주고 요양원까지 내가 운전하기로 했다. 요양원으로

가는 내내 엄마, 아빠는 푹 주무셨다. 사실 난 집에서 자야 다음 날 일찍 과제를 하러 학교에 갈 수 있었다. 그런데도 내가 운전을 자처한 건, 어디로 갈지 고민하느라 힘들어하시다가 "큰아들이 같이 가면 되겠다" 하시며 안도하시는 엄마, 아빠의 모습을 보니 다른 얘기를 할 수 없었다. 아침에 조금 부지런히 나오면 되겠지 싶었다. 내가 운전할 테니 쉬시라고 말씀드리긴 했지만, 30분쯤 남기고는 나도 많이 졸렸고, 겨우 도착할 수 있었다.

요양원에 도착해 침대에 누우신 후에도 엄마는 잘 주무시지 못했고, 나는 혹시 모를 상황에 대비해 그 옆에서 스마트폰을 만지작거리며 밤을 새웠다. 아빠가 잠드셔서 엄마가 힘들 때 도와줄 사람은 나뿐이라고 생각했다. 네 시쯤 잠에서 깨신 아빠와 교대하고 잠들었다.

■

2017.09.07.

난 아침이 되어 요양원에서 나왔다. 너무나 피곤했지만, 과제를 하러 학교에 가야 했다. 열한 시쯤 집에 도착해서 조금 자고 학교로 가야 했다. 심지어 이번 과제는 손으로 해야 했다. 손으로 설계하는 건 몇 년 만이다. 걱정된다. 어제 짐만 옮겨놓고 정리는 하지 않았기 때문에 책상정리도 해야 했다. 할 일이 쌓여간다. 정리를 마치고 나니 벌써 네 시다. 과제는 이제 시작.

■

2017.09.08.

밤새 과제를 하고 아침 강의를 들으려니 죽을 맛이다. 아마도, 대부분의 건축과 학생은 설계 과목을 일주일에 이틀 정도 수강할 것이다. 그리고 거의 90%의 확률로 설계 수업 전날 밤을 안 새는 학생은 없을 것이다. 한때, 도대체 왜 건축과는 매번 밤을 새우는지 고민했다. 내가 내린 결론은 설계가 정답이 없는 과목이기 때문이다. 디자인이라는 것이 정답이 없기에, 하다 보면 더 좋은 것이 있을 것 같아 만족하지 못하고 더 하다 보니 끝을 모르고 밤을 새우게 되는 것이다.

그런데 문제는 이렇게 밤을 새우다 보니 설계 수업이 있는 날 아침 수업의 컨디션은 아주 최악이라는 것이다. 이번 학기가 바로 그렇다. 심지어 1교시. 대부분의 학생이 정신을 못 차리고 로커마냥 머리를 흔든다. 교단에 서서 보는 전체 학생들의 모습은 어떨까. 흔들흔들…. 나도 그 단체 파도타기에 껴서 잠에 취해 수업을 들었다. 분명 나는 정신을 다잡는다고 생각하고 눈을 부릅뜨고 있었다. 그런데 눈을 감았다 뜰 때마다 노트에는 지렁이가 그려졌고, 느릿느릿해 보이는 지렁이의 노력이 무색하게 수업은 휙휙 지나가 있다. 피 같은 등록금이 아깝다.

그렇게 아침 수업을 듣고, 설계 수업까지 겨우 마쳤다. 피곤이 몰려와 정신없이 자고 나니 토요일이 되었다.

■

2017.09.09.

아침에 축구를 다녀왔다. 축구를 마치고 보니 아빠에게 전화가 와 있었는데, S에게도 전화가 와있었다. 불안한 마음에 전화해보니 엄마가 다시 응급실로 오신다고 했다.

집으로 돌아와 샤워하고 병(까지만 쓰여 있었다. 아마 글을 쓰는 도중 급히 다른 걸 해야 했나보다. 글을 쓰다 보니 그때 쌓여 있던 부재중 전화목록을 보고 느꼈던 감정이 떠오른다. 당시엔 가족에게 부재중 전화가 와있으면 너무나 불안했다.)

■

2017.09.09.

중학교 때부터 천식 치료를 위해 대학병원에서 외래진료를 꾸준히 받았다. 고등학교 때 완치를 받고 멈추었지만, 치료를 받는 동안 병원에 올 때마다 마음이 편했다. 외래진료를 받으려면 수업 중에 외출을 하고 와야 했기에 합법적 땡땡이를 칠 수 있었기 때문이다. 낮에 교복을 입고 거리를 돌아다니는 기분은 참 특별했다. 그래서 그땐 병원에 오는 게 마음이 편했다. 병원 중앙의 시계탑을 보는 것도 좋아했다.

그런데, 엄마가 입원하시고 나서는 편한 마음으로 시계탑을 본 적이 없다. 항상 어딘가 묶여있는 마음으로 시계탑을 바라본다. 병원 정문 입구 한쪽에 놓인 벤치에 앉아 시계탑을 바라보며 구급차를 기다리고, 아빠를 기다린다. 병원은 그런 곳이 되어버렸다.

■

2017.09.10.

아마도 엄마는 9일에 응급실에 오셔서 조치를 받고 가셨다. 숨이 차서 오셨던 것으로 기억한다. 그리고 다음 기록은 10일.

엄마는 10일에도 응급실에 오셨다. 나는 할머니와 함께 엄마의 구급차를 기다리고 있었다. 이제까지는 급하게 응급실에 오셔도 간단한 조치를 받으시면 괜찮아지셔서 한동안 오지 않으셨는데, 이때는 바로 다음 날 다시 오셨다. 상태가 안 좋아지고 있었다.

메모 첫 줄에 '엄마의 전화'라고 적어놨는데, 어떤 통화를 했는지 기억나지 않는다. 엄마가 응급실로 가고 있으니 와달라고 하셨던 것 같다.

응급실에서 치료받던 엄마는 점점 숨이 찬다고 하셨고, 급하게 처치를 받으셔야만 했다. 응급실에 계신 의사 선생님이 처치를 제대로 못 하셔서 상태는 나아지지 않았다. 조금 뒤, 나이가 많아 보이시는 교수님이 오셔서 처치를 하셨다. 그 시간 동안 나는 처치실 바깥에서 지켜볼 수밖에 없었다. 아빠는 처치실에 함께 들어가셨던 걸로 기억한다. 무균을 요구하는 수술실이 아니라 가능했었던 것 같다. 바깥에서 보는 나도 엄청나게 마음 졸이고 초초했는데, 옆에서 엄마 손을 잡고 계시던 아빠는 절망적이었을 것 같다. 그때는 정말, 말 그대로 엄마의 숨이 끊어지는 줄 알았다. 그 모습을 보는 아빠는 높은 곳에서 뚝 떨어지는 기분이었을 것이다.

응급 상황에서 의사 선생님의 이런저런 요구에 문이 여러 번 열리고, 엄마가 보일 때마다 나도 들어가서 옆에 있고 싶었다. 하지만 들어갈 수 없어서 자동문 옆에 달린 손 소독제를 짜서 소독하고, 소독약이 날아가면 또 소독하고 소독하는 것밖에 할 수 없었다. 처치실 안팎에서 그렇게 아무것도 하지 못하고 엄마를 지켜볼 수밖에 없던 아빠도 울고, 나도 울었다. 그런 상황에서, 시술 과정을 견학하고 있는 의사 둘이 있었는데 그 둘은 웃고 있었다. 무엇이 그리 즐거운지, 둘이 잡담을 하고 시시덕대고 있었다. 당시에는 정말 화가 났다. 적어둔 이름을 아직도 가지고 있다. 시술이 끝난 후 항의도 했는데, 그 둘이 반성을 했을 거라고 생각하지는 않는다. 애초에 반성할 사람이면 그런 상황이 벌어지게 하지도 않았겠지. 그 둘은 의사로서 자격이 없다. 생명이 위태한 상황에서 그런 웃음이라니. 그들은 의사 자격을 박탈당해도 할 말이 없다.

삶의 끝에서 겨우 돌아오신 엄마는 중환자실에 입원하셨다. 조금 시간이 흐르고 상태가 안정되어 면회를 할 수 있었다. 엄마는 중환자실이 무섭다고 했다. 중환자실에 들어가 보니, 연세가 많아 보이는 환자들뿐이었다. 적당하게 살았다고 말할 수 있는 삶은 없지만, 그곳의 환자들은 다들 연세가 많으셔서 삶의 끝에 다가가고 있다고 생각될 만한 모습이었다. 엄마만 어울리지 않게 젊었다. 중환자실은 눈감은 자들의 방이었다. 다들 눈감고 숨만 겨우 쉬고 있었다. 그곳에서 혼자 눈 뜨고 있는 엄마는 얼마나 무서우셨을까. 가엾은 우리 엄마.

면회를 끝내고 나왔는데, 왠지 누군가와 이야기를 하고 싶었다. 전화를 걸고 싶은데 누구에게 전화를 걸어야 할지 알 수 없었다. 하고 싶은 말이 있는데 말을 하고 싶지는 않은 그런 기분이었다. 오직 엄마에게 전화하고 싶었다. 나는 그럴 때마다 엄마에게 전화를 했는데, 엄마의 스마트폰은 내 손에 있었다.

■

2017.09.12.

엄마가 일하시던 학교에 다녀왔다. 어쩌다 갔는지는 기억나지 않는다. 엄마가 보고 싶어서, 엄마가 없는 학교에 다녀오다니. 엄마가 안 계신 것도 아니고 아프신 것일 뿐인데. 수업이 끝난 학교엔, 운동장에 남아 운동을 연습하는 학생들만 있었다. 엄마가 안 계셔도 엄마의 학교는 여전히 그대로였다. 당연히 그렇겠지만, 조금 아쉬웠다.

하늘도 빛도 좋은 오후, 운동장 한쪽에 앉아 그 장면을 보고 있자니 주르륵 눈물이 흘렀다.

■

2017.09.13.

며칠 전 고비를 겨우 넘긴 후부터 엄마는 계속 중환자실에 계셨다. 우리 가족은 중환자실 옆의 휴게실에서 돌아가며 잠을 잤다. 이모도 우리의 교대에 합류하기 시작했다. 여기 오기 전까진 중환자실 옆에 휴게실이 있다는 것도 몰랐고, 거기서 몇 날 며칠을 보내며 환자의 상태를 걱정하는 가족들이 있다는 것도 알지 못했다. 이젠 우리가 그런 상황이었다. 특별한 무언가가 있는 휴게실은 아니었고, 세 칸짜리 등받이 벤치가 여러 개 놓여있고, 전기를 사용할 수 있는 단순한 곳이었지만, 환자의 가족들에겐 아픈 가족을 기다릴 수 있는 소중한 공간이었다.

아빠는 옷을 새로 사셔야 할 정도로 부쩍 마르셨다. 당신은 그렇게 말라가고, 며칠 전 눈물을 흘릴 정도로 무서운 일을 겪었음에도 불구하고, 다른 가족을 챙기시느라 바쁘셨다. 위로는 아픈 할아버지와, 할아버지를 돌보시는 할머니를 챙기셔야 했다. 옆으로는 중환자실의 유리창을 통해 수시로 엄마가 잘 있는지 확인하셨다. 면회 때는 제대로 의사 표현을 할 수 없는 엄마의 몸에 이상은 없는지 확인하신 뒤, 성경책의 한 페이지를 읽어주고 나오셨다. 우리 가족은 종교를 가져본 적이 없는데, 엄마가 아프다는 걸 알게 된 큰이모가 성경책과 좋은 구절을 알려주셨다. 성경책을 차근차근 읽을 만한 시간적, 심적 여유도 없었으며 신앙심도 여전히 없었다. 그래도 그 한 페이지가 엄마에게 힘이 되었는지 엄마는 그 부분을 좋아하셨다. 스치기만 해도 쉽게 찢어질 법한 얇디얇은 종이에 쓰인, 그 옛날 누군가가 기록해놓은 말이 이렇게 힘이 된다는 것은 경이로운 일이다. 그리고 아래로는 나와 동생을 챙기시려 했다. 아빠는 근심 깊은 모습으로 중환자실을 바라보시다가도 내가 그 모습을 사진으로 남기려고 하자, 카메라를 바라보며 손으로 브이를 만들어 보이셨다. 그리고 동영상이라고 말하니 익살스러운 몸짓을 하시며 나를 웃게 하려고 하셨다. 그럴 마음의 여유도 없으시면서 마음을 짜내고 계셨다.

엄마는 중환자실에서 코와 입에 노즐을 꽂아 숨을 쉬고 영양분을 섭취하셨다. 면회시간에만 만날 수 있지만, 그 짧은 면회 때도 말을 하실 수가 없었다. 챙겨간 스케치북을 펼치고, 사인펜을 손에 쥐어드리면 손을 움직여 글씨를 쓰셨다. 시선은 천장에 고정한 채 누워서 스케치북에 적어나가는 필담은 글씨끼리 겹치고, 삐뚤빼뚤하기 일쑤였다. 그래도 다 알아볼 수 있었다. 우리에겐 그마저도 소중했다. 추울까 봐 덮어드린 담요가 무거워서 불편해도 엄마는 표정으로 말씀하실 수밖에 없었다. 엄마가 힘겹게 쓰시는 한 글자 한 글자는 담요 하나 어찌할 수 없는 상태의 엄마와 왜 짜증이 난 표정인지 알 수 없는 우리 사이의 다리가 되어주었다.

■

2017.09.14.

병원에서 아빠랑 같이 밤을 새우고 나왔다. 벤치에서의 잠은 불편했고, 배가 고파서 아빠와 함께 도가니탕을 한 그릇씩 먹었다.

왜 그렇게 넓은지 알 수 없는 혜화동의 횡단보도를 건너가는데, 하늘이 맑고 구름 한 점 없어서 멍하니 보았다.

■

2017.09.16.

막내 외삼촌과 엄마는 나이 차이가 꽤 많이 난다. 엄마와 아빠가 연애하시던 시절에 외삼촌은 중고등학생이셨고, 그때 아빠와 엄마가 외삼촌을 많이 챙겨주셨다고 한다. 엄마네 남매는 두루두루 사이가 좋지만, 엄마에 대한 막내외삼촌과 작은이모의 애정은 유독 각별하다. 엄마가 편찮으신 뒤로 외삼촌은 물심양면으로 엄마를 지원하고 계신다. 외삼촌이 계셔서 아빠가 조금 덜 힘들어 보이신다.

외삼촌이 병원으로 찾아오셔서 아빠와 함께 저녁을 먹었다. 외삼촌은 힘든 상황에도 힘든 일을 안으로 삼키고, 밖으로는 티를 내지 않는 분이다. 마치 아빠와 같다. 아빠와 외삼촌은 함께 밥을 드시고, 술잔을 기울이고, 함께 담배를 태우며 말하지 않은 슬픔을 나누셨다. 그들의 얼굴엔 웃음이 사라지지 않았지만 그 웃음은 미소도, 실소도 아닌 슬픔의 그림자였다.

■

2017.09.17.

엄마가 요양원에 들어가신 후로 아빠는 어디서든 거뜬히 생활하는 모습을 보여주셨다. 요양원에서는 끼니때가 되면 간단한 식사로 배를 채우시고, 잘 시간에는 침대 옆 바닥에 이불을 깔고 주무셨다. 신발을 벗고 들어가는 병실이어서 다행이었다. 엄마의 중환자실 생활이 시작되고 나서는 중환자실 옆 휴게실에 나름의 자리를 마련하셨다. 잘 때가 되면 의자 밑에 두었던 전기장판과 담요 등을 꺼내 주무신다. 나는 아빠가 주무시며 데워진 자리에 누우며 교대를 한다. 아빠의 체온과 전기장판이 함께 만든 그 따뜻함. 휴게실에서 밤을 새우는 사람이 적어서 다행이다. 사람이 많아서 잘 때 의자를 한 칸 밖에 사용하지 못했다면 아마 몸이 금방 망가졌을지도 모르겠다.

어디서든 빠르게 적응하시는 아빠. 처음에는 이것저것 필요한 걸 갖추느라 어려워하셨지만, 두 번째부터는 이미 갖춰진 것들로 빠르게 적응하셨다. 아빠가 빠르게 적응하실수록 안쓰러움도 커진다.

예전보다 마른 아빠가 의자에서 주무시면 등이 배길지도 모르겠다. 아빠의 큰 키에는 의자 세 칸도 부족해서 다리가 삐쭉 나온다. 그런데도 아빠는 눕자마자 잘 주무신다. 아빠에겐 잠이 항상 부족해서 버튼을 끄듯이 잠드시지만, 꿈에서도 아빠는 엄마 걱정뿐이다.

■

2017.09.18 ~ 2017.09.20.

아빠의 눈이 다른 곳을 향해 있으면, 아빠의 얼굴은 무표정하거나 생각에 빠져있는 듯이 보인다. 그러다 우리를 바라보실 때 아빠는 흙 묻은 옷을 툭툭 털고 일어나듯이 얼굴의 표정을 털고 우리를 바라보신다. 나는 그런 아빠를 닮았다.

■

2017.09.23.

요즘은, 좋은데 좋지 않은 날이 가끔 있다. 그리고 그게 크게 다가온다. 불규칙한 생활에 피곤함이 쌓여간다. 방학이 그립다. 그땐 조금 마음이 놓였는데, 지금은 엄마 곁에 내가 없는 시간이 불안하다.

■

2017.09.24.

엄마가 계신 병실의 풍경은 해질녘에 특히 멋있다. 엄마의 병상이 창가 쪽에 있지 않아서 가까이 가서 볼 기회는 잘 없다. 창가 쪽 병상에 입원하신 분이 병실을 나가실 때 가끔 가서 구경할 수 있는데, 그마저도 거의 없다. 엄마의 병상 끝에 서서 창밖을 바라보면, 창문 너머 보이는 건물들이 장난감 같은 크기처럼 보인다. 도시를 그려놓은 풍경화가 걸려있는 느낌이다.

병실 가까이에 휴게실이 있는데, 휴게실 창밖으로 보이는 풍경은 입원실과 정반대의 모습을 보인다. 그건 그거대로 멋지다. 환자들은 이런 풍경을 보며 어떤 생각을 할까.

■

2017.09.27.

엄마 병상 옆 보호자 침대는 없어선 안 될 물건이다. 깨어있을 때 우린 그 위에 앉아 엄마를 살피고, 잘 시간이 되면 그 위에 누워 잠을 잔다. 조금 짧고 불편하지만, 우리에겐 소중한 침대다.

엄마는 호흡을 위해 병상의 윗부분을 세워놓고 주무신다. 그런데도 입을 반쯤 벌린 채 주무실 때가 많다. 언제 엄마의 호흡이 불편해질지 몰라, 우리는 맘 졸이며 새우잠을 잔다.

■

2017.09.28.

암 병동에는 외부 쉼터가 있다. 저층부에 하나, 고층부에 하나. 위치상 두 쉼터 모두 창경궁을 바라볼 수 있다. 쉼터로서는 최적의 위치다. 왕궁을 내려다볼 수 있는 쉼터라니.

햇빛이 좋은 날, 아빠는 엄마를 휠체어에 태우시고 쉼터로 가신다. 엄마는 말없이 쉼터를 바라보신다. 아빠는 엄마가 휠체어에 앉아 무슨 생각을 했는지 궁금해하셨지만 엄마는 말씀하지 않으셨다. 나도 궁금하다. 몸이 불편해서 멋진 풍경에 시선을 두고도 인상을 쓰고 있을 수밖에 없으셨던 엄마. 엄마의 부은 얼굴, 잦은 인상으로 주름이 잡힌 미간, 그 속엔 어떤 생각이 흐르고 있었을까.

■

2017.10.03.

엄마는 휴게실로 나와 곤히 잠드셨다. 엄마는 이제 휠체어 뒤에 산소통을 끼우고 그걸로 숨을 쉬셔야 한다. 감기에 걸리면 위험할 수 있는데 병원에선 온도 유지를 위해 에어컨을 틀었고, 엄마의 여윈 몸은 여름에도 추위를 느꼈다. 여름에도 그랬으니 가을에도 체온 유지에 애쓰셔야 한다.

엄마는 부쩍 잠이 느셨다. 회복을 위한 잠인지, 기력이 없어 쉬는 잠인지….

■

2017.10.08.

엄마는 중환자실과 병실을 왔다갔다하신다. 깨어계실 때의 엄마는 눈을 부릅뜨고 어딘가에 시선을 고정하고 계신다. 생각에 빠진 것처럼 보인다. 눈을 뜨고 계신다기보다 눈꺼풀이 열려있을 뿐이고 감을 일이 없어서 뜨고 계시는 것 같다. 엄마의 웃는 모습을 보기가 점점 힘들어진다. 엄마에겐 고통과 인내만이 남아 힘겹게 버티고 계신다.

*

엄마는 외과계 중환자실에서 내과계 중환자실로 옮겨가셨다. 오전에 면회를 하고 바로 가평 집에 다녀오려 했는데 조금 늦어졌다.

세 시쯤 동네에서 아빠와 감자탕을 먹고 출발했다. 구리-포천 간 고속도로에 진입하니 아빠는 금방 잠드셨고, 나는 커피를 마시며 운전했다. 가을답게 하늘이 맑고 높았다. 운전하다 멍해지는 날씨였다. 운전하다 하늘을 보니 엄마가 건강하셨다면 이번 연휴에 놀러갔겠다는 생각이 들었다. 엄마와 이런 하늘을 함께 보지 못하는 게 아쉽다.

차가 하나도 막히지 않았고, 한 시간 만에 가평집에 도착했다. 나는 두 달 만에 온 것 같다. 밭에는 잡초가 무성했다. 요양원에서 퇴원하면서 급히 대충 옮겨놓은 짐들이 현관 안쪽에 쌓여있었다. 두 개의 문 중 왼쪽 문은 배터리가 방전되어 열리지 않았다. 시간이 훌쩍 지난 기분이다. 아빠와 둘이 하나하나 정리했다. 냉장고 안의 음식들은 썩어버린 것들이 많았다. 잘 정리해서 담벼락 안쪽 밭에 묻었다. 내년을 위한 거름이 되도록.

그리고나서 좀 더 장기간 집을 비워두기 위한 정리를 했다. 우리는 이대로 이 집을 비워버릴지도 모르겠다. 엄마가 건강해지실 거란 기대로 시작한 가평 생활은 중단이다. 무기한 중단.

돌아오는 길, 주변 논밭의 벼들이 익어가고 있었다. 해질녘의 석양을 받아 황금빛으로 빛났다. 그래 아직 가을이야. 겨울은 아직 오지도 않았구나. 견디면 봄도 오겠지.

잠깐 눈을 붙였다 일어나 이런저런 생각을 하다보니 엄마가 올 초에 치료차 일본에 다녀오신 게 떠올랐다. 그게 불과 몇 개월도 되지 않았는데, 이렇게 급히 나빠진 엄마의 상태가 신기할 정도로 이상하다. 엄마는 그때 정말 오랜만에 비행기를 타신 것이었다. 언젠가 꼭 엄마 해외여행을 보내드리고 싶다. 엄마의 삶을 사실 수 있도록.

*

면회시간보다 조금 일찍 도착하니 외삼촌이 계셨다. 엄마가 무언가 쓰고 싶어 하셔서 펜을 쥐어드리다 쓰여있는 내용을 봤는데, 외삼촌이 황급히 다음 장으로 넘기셨다. 잠깐 본 내용에는 '사는 게 왜 이리 힘드니'라고 적혀있었다. 나와 면회 중에 엄마는 집으로 돌아가, 가족들 틈에 뒤범벅되어 자고 싶다고 하셨다. 나도 그 모습이 그립다.

주치의 선생님과 얘기를 나누었는데, 어쩌면 목에 삽관해야 할지도 모른다는 얘기를 하셨다. 건강해지면 나중에 뺄 수 있지만, 예전 같은 목소리는 아닐 거라고 했다. 그 말이 유독 슬프게 들렸다. 엄마가 '아들'이라고 부르는 것을 못 들은 지 오래되었다. '아들' 하고 부르는 엄마의 목소리가 듣고 싶다.

*

가평 집을 정리하면서, 밭에서 난 것들을 가져왔다. 어떤 건 많이 익었고, 어떤 건 덜 익었지만, 일단 가져왔다. 토란도 있고, 호박도 있었다.

■

2017. 10. 09.

할아버지는 요양원에서 생활하고 계신다. 요양원과 집을 오가시다 결국 요양원에 계시기로 했다. 요양원은 우리 집에서 꽤 먼 인천에 있어서 대중교통을 타고 다녀오기엔 힘들었다. 그래서 오늘은 아빠, 동생과 함께 할머니를 모시고 할아버지를 뵈러 다녀왔다.

병이 꽤 진행된 뒤의 할아버지는 처음 뵙는 듯한데, 키가 크지는 않아도 덩치가 있으셨던 할아버지가 움추러든 것처럼 보였다. 걷는 것도 불편해서 휠체어나 보행보조기를 이용해야 하셨고, 말도 쉽게 하실 수 없었다. 할아버지의 몸 역시 빠르게 변했다. 엄마와 할아버지가 같은 병이라니. 그리고 이렇게 빨리 악화된다니. 무서운 일이다.

할머니는 그런 할아버지와 떨어져 계신 시간을 메우시려는 듯, 너무나 애틋한 표정으로 열심히 할아버지를 돌보시다 오셨다. 할머니가 아무렇지 않게 애쓰시는 모습을 보자니 아무렇지 않게 볼 수가 없어서 안쓰러웠다. 그런 할머니를 보는 아빠의 마음 역시 나와 같을 것이다. 우린 다들 자기 자신의 힘듦은 티 내지 않으려 애쓰지만 서로의 힘듦을 잘 알고 있다.

■

2017. 10. 11.

요즘은 이모가 발 벗고 나서서 엄마를 간호하신다. 이모 역시 우리처럼 휴게실에서 쪽잠을 자고, 엄마를 챙기신다. 엄마와 이모는 맞는 게 없을 정도로 반대인 게 많아 두 분이 싸우는 일이 많았는데, 이렇게 엄마를 챙기는 모습을 보면 싫어하는 사이가 아니었다는 것을 알 수 있다. 다만 안 맞았을 뿐이었다. 요즘 들어 이모가 엄마를 많이 사랑하신다는 것을 느낀다.

*

엄마의 팔이 앙상하다. 손가락까지 앙상한데, 엄마는 그 앙상한 팔과 손으로 펜을 잡고, 힘겹게 한 글자씩 써가며 필담을 하신다. 글씨가 겹치고 삐뚤빼뚤하지만, 우린 알아볼 수 있다. 흔들린다고 놓칠 수 없다. 잘 안 보인다고 안 볼 수 없다.

■

2017.10.14.

암 병동에는 아주 맛있는 크루아상을 파는 곳이 있다. 직접 만들어 파는 것은 아니고 납품을 받아 파는 듯한데, 그렇게 맛있을 수가 없다. 병원 휴게실에서 밤을 새우고 아침에 일어나 교대를 하고 나면 크루아상을 사러 간다. 라떼와 크루아상을 시켜 함께 먹는다. 그리고 집에 가서 잠을 잔다.

맛있게 먹은 건 여러 번 자주 다시 찾아가 사 먹는 편이지만, 여긴 다시 오고 싶지 않다. 순전히 맛 때문에 여길 찾아오는 사람은 없다. 대부분 아프거나, 아픈 사람을 돌보는 사람들이다. 나도 그중 하나이다. 맛있어도 먹고 나면 슬퍼지는 곳.

*

학교에서 과제를 하다가 설계실에서 잠깐 잠을 잤다. 설계실의 간이침대는 과학이다. 짧지만 푹 잤다. Y는 과제를 하고 있었다. 잠든 내가 말을 하길래 나를 봤는데, 내가 자면서 엄마를 찾았다고 한다. 정작 나는 왜 그랬는지 기억나지 않는다. 나도 모르게 엄마를 찾고 있었나 보다. 엄마가 먼 곳에 떨어져 계신 것도 아니고 보려면 언제든 찾아가 볼 수 있는데 꿈속의 나는 왜 그렇게 엄마를 찾고 있었을까? '그대가 옆에 있어도 그대가 그립다'와 같은 시의 구절은 이래서 나온 것일까.

자고 일어나 Y와 장난을 치다 보니, 부모님에게 혼난 얘기를 하게 되었고, 우리 엄마가 나를 어떻게 혼내셨는지 이야기하며 웃었다. 혼난 기억도 엄마와 함께라면 결국 행복한 추억이다. 날 혼내시던 엄마라도 보고 싶다.

*

그날 면회 때 엄마는 나에게 "외할머니랑 밥 먹어라. 외할머니가 가장 좋아하는 게 밥 같이 먹는 거야"라고 하셨다. 어쩌다 이런 얘기가 나왔을까. 부릅뜬 눈으로 생각에 빠져계시던 엄마의 머릿 속엔 할머니 생각도 흐르고 있었다.

■

2017. 10. 20.

아빠가, 엄마가 기억을 잘 못하는 것 같다고 하셨다. 구구단도 잘 못 외운다고 하셨다. 그 말을 듣고, 뭐라 말해야 할지 모르겠고, 할 말이 떠오르지 않아 그냥 거실에 계신 아빠 뒤에 앉아있다가 아빠가 일어나시는 것을 보고 나도 방에 들어가 누웠다. 할머니가 곧 오셨고, 아빠와 할머니가 이야기를 나누시는 게 들렸다. 이런저런 이야기를 하시던 아빠가 "이제 나도 자신이 없어. 엄마"라고 하셨다. 버티고 버티던 기둥도 버티기 힘든 순간이 있나 보다.

병원에 있던 엄마가 요양원으로 가셨다. 이번에는 가평이 아닌 서울에 있는 요양원이다. 병원에서의 내원치료를 위해서는 서울에 있는 요양원에 계시는 게 수월하리라 생각되었기 때문이다. 저녁을 먹고 반찬거리를 챙겨서 요양원에 가려고 하는데, 이모에게 전화가 왔다. 요양원에서 하는 얘기로 엄마가 억지로 호흡하고 있다고 어서 모두 모여야 할 것 같다고 하셨다. 급한 맘에 요양원에 가져가려고 챙기던 반찬거리를 그대로 두고 좀 아까 밖에 나간 S를 불러 다 같이 차를 타고 출발했다.

가는 도중 아빠가 전화해본 결과, 생각했던 것만큼 나쁜 상황은 아니었다. 다행이다. 정말 다행이다. 아빠는 출발하기 전에도, 차에서도, 왜 아빠가 엄마 옆을 비우면 자꾸 이런 일이 생기냐며 속상해하셨다. 이런 상황이 아빠에겐 과도한 책임감으로 돌아온다.

할머니, 아빠, S와 함께 병원에 도착해서 기다리고 있으니 외삼촌과 숙모가 도착하셨고, 구급차를 함께 타고 외할머니와 이모가 도착하셨다. 이모는 무서웠다며 펑펑 우셨다. 평소엔 괄괄하신 이모는 마음도 괄괄하신 분은 아니다. 사실 마음은 여린데, 그걸 들키지 않으려고 겉으로만 괄괄하신 걸지도 모른다.

엄마는 응급처치에 들어갔고, 우리는 그런 엄마를 기다렸다.

■

2017.10.21.

또 한 번 폭풍 같은 하루가 지나갔다. 나는 이런 하루를 띄엄띄엄 견디는데, 아빠는 매일을 이렇게 견디고 계시겠지. 4년 같은 4개월을 보내셨다는 아빠의 말씀이 난 감당하지도 못할 만큼 무겁다.

나에게 너무 스트레스받지 말라며 밝은 목소리로 나를 위로하시던 아빠는 얼마나 무거운 짐을 지고 계시는 걸까. 우리는 오늘, 또 한 번 고비를 넘겼고 여전히 봄을 기다린다. 춥지도 덥지도 않아서 걷기 좋은 날들이 지나가는데, 우리는 밥을 먹으러 겨우 나간다.

그래도 봄은 오겠지. 나의 봄. 우리의 봄.

■

2017. 10. 24.

어제 엄마를 요양원에서 퇴원시키고, 아빠랑 큰외삼촌네는 병원으로 가고, 나는 할머니와 함께 짐을 정리하기 위해 집에 남아있기로 했다.

퇴원하고 집에 오는 길에 아빠가 "아빠가 잘해주려고 하면 엄마는 왜 아플까…"라고 말씀하셨다. 모두 애쓰고 있는데, 상황은 좋지 않다.

지난주 토요일에 요양원에 입원했는데, 일주일 만에 퇴원하게 되었다. 병원을 옮기는 이유 중에 좋은 이유는 없다. 항상 더 안 좋아져서 병원을 옮겼다. 우리 가족은 새로운 병원에서는 나아질 것이라 철석같이 믿고 희망을 품는다. 그런데 점점 이동하는 주기가 짧아지는 느낌이다.

고작 일주일 있었는데 짐이 산더미처럼 나온다. 큰외삼촌네가 없었다면 큰일날 뻔했다. 집에 남아 할머니와 함께 짐 정리를 하고 다시 병원에 가져갈 짐만 챙겨두었다. 정리를 다 하고 나서 병원으로 갈까 고민했다. 그러나 내가 가면 할머니가 저녁을 거르실까 봐 저녁을 먹고 가기로 했다. 밥 먹기 전에 잠깐 소파에 누웠다가 잠들고 말았다. 소파에서 잠을 자서 그런지 불편했다. 내 생각에 나는 그다지 피곤하지 않았던 것 같은데 잠이 들었다. 아무래도 이건 너무 힘든 상황이 오면 그 상황을 피하고자 잠을 자려는 몹쓸 습관 때문인 것 같다.

두 시 반쯤 잠에서 깼다. 시간이 애매해서 다시 자야 했는데 마음이 불안해서 잠이 오질 않았다. 라면을 하나 끓여 먹고 조금 울었는데, 엄마에게 전화가 왔다. 아빠도 아닌 엄마에게. 전화는 울리자마자 바로 끊겼고 다시 전화하니 아빠가 받으셨다. 아빠와 통화하고 바로 집을 나섰다.

택시를 타기로 했다. 맘이 급해 무단횡단을 했다. 왕복 8차선을 무단횡단한 것은 처음이었다. 앞으로도 없을 것이다. 택시를 타고 병원으로 향했는데, 암 병동이 아닌 본관으로 도착했다. 암 병동으로 꾸역꾸역 가니 아빠와 이모가 피곤한 얼굴로 날 맞이하셨고, 나만 엄마 옆에 있기로 하고 다 나가셨다.

주무시지 않던 엄마는 나에게 귀를 대보라고 하셨다. 자꾸 여긴 가

짜라며, 이모랑 아빠가 짜고 엄마를 여기 두려고 한다고 하셨다. 가족 얘기를 해서 엄마의 맘을 편하게 해드리려 했는데, 안 믿으셔서 엄마와 친한 아주머니 얘기를 했다. 그 아주머니 말이라면 엄마가 믿을지도 모른다고 생각했다. 그런데 그뒤론 계속 그분만 찾으셨다. 나는 그분과 연락이 닿을 때까지 엄마에게 계속 핑계만 대었다. 그런 내 맘도 모르고 엄마는 섬망으로 이상한 이야기를 하셨다. 그중에는 '명예롭게 죽게 해달라'라는 말도 있었다. 물론 이상한 소리다.

아침이 되었고, 엄마는 밥을 거의 드시지 못했다. 아빠는 엄마가 밥을 드시도록 애쓰셨다. 엄마의 상태가 급격히 안 좋아졌고, 의식을 못 찾으셨다. 의식을 잡지 못하는 와중에도 내가 누군지 여쭤보는 질문에는 대답을 하시는 게 신기했다. 엄마는 "내 아들, 너무 이쁘게 잘 낳았다"라고 하셨다. 눈물이 나고 마음이 아팠다. 언제 이렇게 엄마의 목소리를 또 들을 수 있을까. 힘들어도, 정신을 차리시기 위해 계속 질문을 해야 했다. 어떤 질문을 할지 고민하다가 태몽도 물어봤다. "알…"이라고 대답하셨다. 엄마는 나에 관한 이야기를 하는 동안엔 정신을 차리신다.

엄마가 식사를 못 하셔서 혈관으로 영양제라도 공급해야 하는데, 엄마의 혈관이 너무 얇아져 계속 실패했다. 엄마는 점점 안 좋아지셨고, 우리는 결정해야 했다. 중환자실로 가실지 말지. 나는 아빠의 의견을 따르기로 했다. 아빠는 많이 우셨다. 계속 미안하다고 하셨다. 아빠는 엄마가 말도 못 하시고, 우리도 못 알아보고 가는 건 싫다고 하셨다. 맞는 말이지만, 내 맘은 엄마가 조금 더 사시길 바란다. 어떻게든.

얘기를 나누고 있자니 맘이 불안해져서 S에게 빨리 오라고 재촉했다. 내 딴엔 지금 엄마가 잘못되신다면 마지막을 못 지킨 S가 평생 후회하고 아쉬워하고 맘 아파할까 봐 빨리 오라고 한 것인데, 행여나 말이 씨가 될까 봐, S에게 왜 빨리 와야 하는지는 말하지 못하고 재촉만 했다.

엄마를 위한 우리의 결정은, 엄마가 중환자실에 가시지 않는 것이었는데, 상황이 다급해지니 이성적으로 결정할 수 없었다. 결국 엄마는 중환자실에 다시 가시기로 하셨다. 맘이 아파도 어쩔 수가 없었다.

밤새 엄마가 찾으시던 아주머니도 뒤늦게 오셔서 불안해하는 엄마를 달래주셨다. 그러나 엄마의 상태가 좋지 않은 상태라 진정된 마음과 별개로 엄마는 응급 조치가 필요한 상황이었다. 결국 엄마는 허벅지와 입에 삽관하신 뒤, 중환자실로 가셨다.

우리는 모두 많이 울었다. 이제 겨울이 끝나고 봄이 오면 좋겠다.

■

2017. 10. 27.

무슨 일이 있든 모든 일에서 엄마가 생각난다. 눈물이 계속 터져 나온다. 아침부터 엄마 사진을 인화하려고 컴퓨터와 스마트폰을 뒤적거렸다. 나름 자주 찍는다고 찍었는데, 건강한 모습을 담은 사진이 많지 않았다. 엄마의 건강한 모습을 좀 더 많이 남겼으면 좋았을텐데.

S가 의경으로 군복무를 하러 갔을 때, 면회를 간 적이 있었다. 함께 간 S의 여자친구와 S가 시간을 보내는 동안 엄마, 아빠와 나는 번화가를 돌아다녔다. 엄마는 그때 길거리 공터에 있는 놀이기구를 타셨다. 줄에 묶여서 위아래로 점프를 반복하는 놀이기구였는데, 엄마의 웃음소리와 즐거운 비명을 들을 수 있었다. 그 모습이 재밌어서 동영상을 찍어놓았는데, 다시 봐도 재미있다. 동시에 우리 엄마 이렇게 겁이 많은데, 중환자실에서 혼자 많이 무서우시겠다는 생각이 들었다.

오늘 엄마가 눈을 뜨셨다고 한다. S와 함께 동영상을 찍어서 아빠에게 보내드렸다. 저녁 면회 때 엄마가 동영상을 보고 손으로 만지려 하셨다는 말을 듣고 울컥했다. 내일도 못 가는데…. 토요일에는 꼭 가야지.

*

Y가 노래를 추천해줬다. 가사가 내 상황 같다고 했다. 015B 콘서트에서 윤종신이 부른 노래인데, '엄마가 많이 아파요'라는 노래다. 가사가 너무나도 내 상황과 같아서 울 뻔했다. 다행히 음질이 별로 좋지 않아서 눈물을 멈추고 빨리 현실로 돌아올 수 있었다.

■

2017.11.03.

며칠 전엔 내가 체해서 아팠고, 어제는 동생이 체했다. 우연히 형제가 연달아 아팠는데 더 아픈 건 아빠였다. 난 좀만 쉬면 괜찮을 것 같아서 대수롭지 않게 여겼는데, 아픈 우리를 보고 예전보다 크게 놀라시고 며칠을 걱정하시는 아빠의 모습이 안쓰럽고, 아빠한테 너무 죄송하다.

■

2017.11.04.

겨울옷을 꺼내러 지하실에 갔다. 무슨 옷을 가져가야 할지 고민하다가 그 옆에 쌓여있는 앨범을 보았다. 요즘 들어 옛 앨범들이 보고 싶었는데 잘되었다 싶어 꺼내 보았다. 내 앨범은 큰 사이즈의 앨범밖에 없다. 1997년에 찍힌, 20년 전 내 생일파티 사진이 있었다. 저대로만 컸으면 좋았겠다고 생각했다. 시간이 잘못 쌓였다.

내 앨범을 다 보고, 내 앨범 옆에 있는 누구의 것인지 모를 앨범을 꺼냈다. 열어보니 엄마의 10대 후반에서 20대를 담은 앨범이었다. 지금의 나보다 어린 엄마의 모습이 담겨있었다. 왜 이 사진들을 처음 보는지 모르겠지만 이런 앨범이 남아있는 게 기뻤다.

첫 장에 37년 전 엄마의 생일날 적힌 메시지가 있었다. "정말 너를 좋아해. 정말… 증말… 참말…" 엄마의 고등학교 동창분들이 적으셨나보다. 사진 속 어린 엄마의 눈에는 불안 혹은 경계심이 담겨있었다. 큰외삼촌의 딸과 닮았다. 엄마의 밝은 모습만 봤던 나는 그런 엄마의 모습이 놀랍고 새로웠다. 나에게 밝은 모습을 보이시려고, 용기 있는 모습만 보여주려 하셨던 엄마의 마음이 전해지는 듯했다. 겁이 많은 엄마…. 최근 몇 달간 얼마나 힘들고 무서우셨을까. 지금도 얼마나 무서우실까. 엄마가 보고 싶다. 나도 보고 싶다. 학생 시절의 엄마. 정말 증말 참말.

생각해보면 엄마는 항상 힘들기만 하셨다. 가족들을 위해 많은 것을 희생하셨다. 그런 엄마가 아프다. 얼마나 불공평한가. 내게 남은 삶을 엄마와 나누고 싶다.

■

2017.11.06.

시간이 느리지만, 빠르게 흘러간다. 하루하루는 길고, 지나온 며칠은 먼 과거 같이 느껴진다. 이렇게 생각하는 사이 시간은 훌쩍 지나있다.

귤의 계절이 왔다. 어릴 때부터 엄마는 귤을 상자로 사서 베란다에 두셨다. 큰 바구니를 거실에 두고 귤을 담아놓으셨다. 추운 베란다에서 꺼내온 귤을 잘 닦아 막 식탁에 올려주셨을 때, 그 차가운 촉감과 촉촉한 물기가 참 좋았다. 귤을 먹을 땐 항상 껍질을 까서 원래 담겨있던 바구니에 담아두곤 했는데, 마지막엔 귤껍질 가운데 귤이 남아있는지 뒤적거리는 재미가 있었다. 그리고 어느샌가 다 먹은 귤껍질이 새로운 귤들로 바뀌어있었다. 그땐 몰랐다. 엄마가 항상 바꿔주셨던 것을. 알면서도 몰랐다.

며칠 전 면회 때, 엄마는 목소리가 나오지 않는 입을 달싹거리시며 간호사 선생님들에게 고맙다고 전해달라고 하셨다. 그리고 살려달라 말해달라고 하셨다. 엄마가 누군가에게 살려달라고 부탁하시는 것을 들으니 가슴이 찢어진다. 여전히 내가 할 수 있는 게 없다.

■

2017.11.08.

오랜만에 전에 살던 아파트 단지에 다녀왔다. 누군가를 만나거나 뭘 사러 온 게 아니라 그냥 다녀왔다. 아파트 단지가 워낙 크고, 학교들이 모두 단지 내에 있거나 근방에 있어서 여덟 살 때부터 거의 15년 넘게 살았다. 단지 내에서만 이사를 세 번 했다. 오늘은 그중 마지막 집 앞에 앉아있다가 왔다. 그곳에 가면 엄마를 좀 더 느낄 수 있을 것 같았다. 생각해보면 이해가 되지 않는다. 엄마는 아직 병원에 계신데, 왜 나는 그곳에서 엄마를 느끼고 싶었을까.

아파트 앞 화단 벤치에 앉아있는데, 주차 칸이 하나 비어있었다. 주차 칸 하나만 비어있는데도 많은 추억이 떠올랐다. 내가 주차하다 다른 차를 박아서 엄마가 내려오신 기억, 벤치에 앉아 엄마를 기다리던 기억, 주차 후 엄마가 자주 하시던 "엄마 운전 잘하지 않냐"라는 말, 운전하는 게 좋다고 말씀하시던 엄마, 다 엄마 기억뿐이다.

벤치에 앉아 눈물을 흘렸다. 벤치 쪽 가로등이 밝지 않아서 다행이다. 조용히 흐느끼다 눈물을 닦고 돌아왔다.

■

2017. 11. 11.

면회할 때 갑자기 엄마가 아파서 미안하다고 하셨다. 면회 끝나고 나오려는데, 이쁘다고 하셨다. 우리가 다시 면회하러 올 때까지 엄마는 어떤 생각을 하고 계셨던 걸까. 그리고 걱정하지 말라고 하셨다. 엄마는 당신이 그렇게 아픈데도 당신 걱정하지 말라고 하신다.

아빠와 함께 햄버거를 먹으러 다녀왔다. 먼저 나온 아빠는 앞에 걸터앉아 스마트폰으로 끊임없이 뭔가를 찾으신다. 엄마와 관련되거나, 해결해야 하는 집안일이겠지. 쉴 새 없이 애쓰시는 아빠의 뒷모습이 쓸쓸해 보인다.

■

2017. 11. 18.

지금부터 10년 전, 나는 고등학교 1학년 2학기를 보내고 있었다. 그 시절 나에게는 그보다 더 어릴 때부터 가고 싶었던 대학교가 있었다. 고등학교 1학년 때, 그 학교를 목표로 공부하면 갈 수 있지 않을까 하는 희망을 가졌다.

지금 엄마의 병실에서는 그 학교가 잘 보인다. 그 학교는 다시 나에게 희망을 주는 곳이 되었다.

■

2017.11.20.

잠이 들락 말락 할 즈음, 갯벌에 발 빠지듯 푹 잠에 빠져들어 꿈을 꾸었다. 엄마가 나왔다. 엄마는 얼굴을 어떤 사각 틀에 끼우고 나를 보고 계셨다. 뭐하시냐고 했더니, 영정 사진을 찍는다고 하셨다. 그리고 또 다른 장면이 나오다가 잠에서 깼다. 이후의 장면은 기억나지 않는다.

꿈의 내용에 비해 현실의 시간은 굉장히 짧았지만 너무나 무서웠다. 그래도 지금 엄마가 괜찮으신 걸 아니까, 아무에게도 말하지 않았다. 이 꿈을 말하면 꿈이 현실로 될까 봐 입 밖으로 꺼내기가 두렵다.

그런 꿈을 꾸고 난 다음 날 오후, 팀플 과제를 하러 학교에 갔다. 과제가 끝나니 막차 시간이 애매하게 넘어버렸다. 첫차까지는 많이 기다려야 해서 새벽에 택시를 타고 집에 왔다. 마침 차가 집에 있었고, 아빠에게 차를 갖다드리고 엄마도 보러 가야겠다 싶어 내일은 병원에서 등교하기로 했다.

집에 도착해서는 샤워하고 할머니가 해주신 밥을 먹었다. 당신이 한 음식을 손자들이 맛있게 먹는 것을 보는 재미로 사시는 할머니를 위해 먹고 싶었다. 아빠의 옷도 챙겼다. 아빠는 여벌 옷이 아직 있다고 하셨지만, 요 며칠 갈 때마다 같은 옷을 입고 계신 것 같았다. 아빠의 옷을 챙기고 다른 것들을 준비하는 동안 마음이 다시 불안해졌다. 내가 이렇게 꾸물대는 사이 무슨 일이 생기는 건 아닐지 걱정이 들었다. 차를 타고 달려갔다.

불안한 나의 마음과 달리 병실은 평온했다. 아빠는 주무시고 계셨고, 이모는 깨어계셨다. 엄마가 편안히 주무시고 계셔서 나도 내일 아침 등교를 위해 좀 자려고 했다. 이모가 잠자리도 마련해주셨는데, 잠이 오질 않았다. 이모가 휴게실에서 뭘 좀 드시고 거기서 주무시는 동안 내가 엄마한테서 눈을 떼면 안 될 것 같아 더 잠이 오질 않았다. 아침 여섯 시가 되자 엄마가 깨어나셨고, 간단한 대화도 했고 엄마가 웃으시는 모습을 보니 행복했다. 마음이 편안해진다. 결국 한숨도 못 자고 7시가 되어 학교로 갔다.

내가 있어서 아빠도, 이모도, 엄마도 편했지만 나는 아주 피곤하다. 학교에는 내가 피곤한 것을 알아주는 사람도 없고, 그저 또 졸고 있네 하겠지만, 오늘 새벽은 아주 행복했다.

■

2017.11.21.

설계 수업이 끝나고 엄마에게 가려다가 시간이 애매하게 늦어져서 못 갔다. 못 간 김에 밖에서 좀 놀다가 집에 들어와 자려고 누웠는데, S가 딱 봐도 취한 모습으로 귀가했다. 나에게 왜 병원에 안 왔냐고 물어서 늦게 끝나서 못 갔다고 말했는데, 술 취한 사람처럼 또 물어봤다. 한탄하듯이. "왜 안 왔냐고. 왜 안 왔냐고." 술주정하는 것 같아 짜증을 내고 자려고 누워있는데, S가 말했다. "엄마가 형만 찾으시더라." 괜히 미안해졌다.

다음 날 엄마한테 갔는데, 이모 말씀이 S는 꼭 엄마가 아파서 예민할 때 와서 엄마의 짜증을 받게 된다고 하셨다. 어젯밤의 일이 생각나서 엄마랑 이모한테 얘기했더니, 엄마가 S에게 그런 거 절대 아니라고 전해달라고 하셨다. 많이 사랑한다고 전해주라고. 너(나)보다 더. 엄마는 나와 S를 많이 사랑하신다.

■

2017. 11. 24.

아빠가 식사하러 나가시고, 이모는 잠시 볼일을 보러 나가셨다. 병실에는 나와 엄마뿐이었다. 엄마랑 얘기하다가 내가 아빠랑 이모한테 짜증내지 말자고 말했다. 엄마는 "너희 아빠 정말 좋은 사람이야. 이모도…"라고 하셨다. 난 엄마도 좋은 사람이라고 말했다.

■

2017. 11. 26.

할머니랑 아빠는 할아버지를 뵈러 가셨다. 할아버지의 상태가 좋지 않다고 하셨다. 아빠는 전화로 할아버지가 불쌍해서 혼났다고 하셨다. 아프신데 잘 찾아뵙지도 못해 죄송하다고 하셨다. 얘기를 듣는 나는 할아버지도 할아버지지만 아빠가 불쌍해서 혼났다. 아빠는 지금 얼마나 힘드실까. 아빠가 힘들면 누구에게 기대실 수 있을까. 밤새는 날이면 평소보다 더 가족들이 보고 싶다.

*

가족들이 잠든 모습을 사진으로 담는 걸 좋아한다. 평온한 모습. 발바닥이 하늘을 향하게 하고 곯아떨어진 모습.

■

2017. 11. 27.

학교에서 아빠랑 전화를 했다. 아빠는 집에서 좀 쉬고 병원으로 가는 길이라고 하셨다. 집에 가서 좀 주무시고 가셨으면 했는데, 제대로 쉬지 못하신 듯하다. 졸리지만 불안한 맘에 잠들지 못하시고 TV를 보고 계셨을 모습이 그려졌다. 아빠에게 "TV 보지 말고 좀 주무시다가 가시지 그랬어요"라고 했더니 어떻게 알았냐고 놀라셨다.

어휴 속상하다.

이모를 통해 엄마와 영상통화를 했다. 치료받기 편하도록 짧게 자른 머리도 잘 어울리시고, 기분이 좋으신지 밝게 웃는 모습도 보기 좋았다. 별거 아닌 일로 하루가 행복하다.

■

2017.11.28.

메신저로 엄마가 'S 농협은준렝'을 보내셨다. 무슨 말인지 몰라서 아빠에게 전화했더니, 엄마가 쓰신 거라고 한다. 알고 보니 아빠가 엄마에게 메시지를 보내보라고 시키신 거였다. 엄마의 소통 능력이 점점 떨어지고 있다. 아직 원인은 모르겠다. 중환자실과 병원에 대한 후유증인지, 뇌 기능의 저하인지 모르겠다. 그저 마음이 아프다. 엄마도 할아버지처럼 알츠하이머가 오는 건 아닐까 걱정된다. 엄마의 인지 능력과 의사 표현 능력이 저하되는 것이 당황스럽고 받아들이기 힘들다.

■

2017. 11. 29.

병원에 갔더니 아빠가 특단의 조치를 취하고 계셨다. 엄마가 아빠를 너무 의존하고 있다고 하셨다. 엄마에게 화내고 병실 밖으로 나가신 아빠와 얘기를 나누고 나라도 병실에 올라가 보겠다고 했다.

병실에 도착하니 이모가 나보고 엄마 좀 달래주라고 하셨다. 나는 모른 척하고 엄마에게 여쭤보았고, 엄마는 아빠랑 싸웠다고 하셨다. 엄마의 표정이 너무 슬퍼 보여서 많이 슬프냐고 여쭸더니, 슬프다고 하셨다. 엄마가 "나쁜 아빠"라고 하시는 줄 알았는데, 다시 보니 답답하다고 하신 것이었다.

엄마의 눈엔 눈물이 글썽거렸다. 난 그저 미안할 뿐이었다. 언젠가부터, 내가 아무리 엄마의 기분을 이해하려 해도 내가 이해하는 게 전부가 아니라는 생각이 들어서, 그저 다 이해하지 못하는 게 죄송하다. 엄마와 눈을 마주치고 손을 잡고 있으니 자꾸 슬퍼졌다. 엄마는 피곤해서 눈을 감으셨는데, 내 눈에는 엄마가 슬퍼서 포기하시려는 것 같이 보였다. 잠을 좀 깨워볼 요량으로 아프기 전에 어떤 게 가장 스트레스였냐고 여쭸는데, 잠자는 게 가장 스트레스였다고 말씀하셨다. 잠이 오질 않았다고 한다. 꾸준히 그랬는지, 암이 나타나기 시작한 후의 통증 때문에 그랬는지 알 수 없다.

내가 울음을 참고 있으니, 엄마가 나에게 "엄마가 우리 아들을 힘들게 했어"라고 하셨다. 그 말에 더 눈물이 났다. 뒤에 계신 이모와 막내외삼촌 모르게 조용히 엄마만 보고 울었다.

마음이 아프다. 왜 사랑한 만큼 나아지지 않는 걸까. 내가 할 수 있는 건 엄마를 사랑하는 것뿐인데, 사랑한 만큼 나아진다면 엄마를 매일 바라보고 있을 텐데…. 사랑만으로 병을 낫게 할 수 없는 현실이 가혹하다.

엄마가 나를 바라보고 계시다가 나에게 "많이 컸네"라고 하셨다. 할 말이 없었다. 좀 더 클 테니 계속 봐달라고 말하고 싶은데, 엄마가 슬퍼하실까 봐 말하지 못했다. 말하지 못한 게 더 있다. 내가 엄마를 힘들게 해서 이렇게 된 것 같아 미안하다고.

■

2017. 12. 02.

아빠가 전화를 안 받으셔서 이모에게 전화했더니 엄마가 운동도 안 하고, 말도 안 들어서 아빠가 화나서 나가셨다고 한다. 아빠가 안 계시면, 엄마가 또 불안해할 거라고 나라도 올 수 있냐는 이모의 걱정에 일단 시간이 되는 S가 대신 가기로 했다. 통화를 끊고 나서 팀플을 하려니 도무지 집중할 수가 없었다.

팀플이 끝나자마자 서둘러 엄마에게 갔더니 목사이신 고모할머니가 오셔서 기도를 해주고 계셨다. 엄마의 상태가 어떠한지 묻고 싶었는데 고모할머니가 계셔서 기다려야 했다. 고모할머니는 엄마에게 안수기도를 해주신다 하셨고, 기도가 시작되었다. 나는 신앙이 없고 기도를 하지 않기에 기도받는 엄마의 차가운 발을 마사지해드렸다. 요즘 엄마는 작은 무게에도 답답해하셨는데 그래서인지 마사지하는 내 손을 뿌리치려 하셨다. 나는 "엄마, 발이 차가워. 가만히 좀 계셔봐요"라고 했는데, 거기서 기도가 중단되었다. 고모할머니는 같이 기도해야 한다고 말씀하셨다. 나는 조용히 앉아있고, 기도가 다시 시작되었다. 고모할머니는 엄마의 몸 이곳저곳을 만지며 기도를 하셨는데, 그 모습을 보니 조금 섭섭한 마음이 들었다. 다른 가족들이 조금만 만져도 성가셔하시는데, 신앙이 없는 엄마가 기도받을 때 성가심을 참으시는 게 신기했다. 그래도 엄마의 마음이 편해질 수 있다면 다 괜찮다고 생각했다. 기도는 계속되었고, 고모할머니는 엄마의 머리를 만지셨다. 엄마는 거기까진 못 참으시겠는지 고모할머니의 손을 뿌리치려 하셨다. 나는 다가가서 엄마가 아파하신다고, 고모할머니의 손을 밀쳐냈다. 그 순간 고모할머니는 어디서 사탄이 기도를 방해하냐고 하셨다. 그 모습에 이모는 내게 "민혁아 원래 그런 거야"라고 하시고, 엄마도 왜 그러냐는 표정을 하셨다. 나만 중간에서 이상한 사람이 되었다. 내가 잘못한 것이었을까.

뭐가 되었든 엄마를 아프게 하는 기도는 필요 없다. 그런 기도를 하러 오신 거라면 다신 안 오셨으면 좋겠다고 생각했다. 종교로 마음의 평안을 얻는 것과 마음의 불안정함을 파고들어 자리잡는 것은 다른 것인데, 고모할머니의 종교는 후자에 더 가까워 보였다.

아빠는 7시쯤 돌아오셨다. 찜질방이라도 가셔서 주무시고 오셨나 했는데, 기껏 나가신 게 차 안이었다. 아빠는 요 몇 달간 잠을 제대로 주무신 일이 없었을 것이다. 허리 아프다고, 파스를 사오셨다.

내가 나서서 파스를 붙여드렸다. 그 순간 아빠는 아파도 아프다고 말하지 않으시겠다는 생각이 들었다.

아빠와 함께 병원을 나와 밥을 먹었다. 밥을 먹고 나서 나는 버스 정류장에서 버스를 기다리고, 아빠는 길을 건너 병원 쪽으로 가셨다. 건너편에 대고 어서 가시라고 손을 흔들어대도 아빠는 버스가 떠날 때까지 나를 보고 계셨다. 우리 아빠, 사랑하는 우리 아빠, 아빠가 행복하시면 좋으련만.

■

2017. 12. 03.

새벽에 이모에게 뭘 좀 물어보려고 메시지를 보냈는데, 엄마가 아빠를 너무 찾아서 아빠가 집에 가셨다고 한다. 바로 아빠에게 전화를 걸어보니 피곤한 목소리로 집에 가는 중이라고 말씀하셨다. 학교에서 밤을 새운 나는 별다른 도움을 못 드리고 보일러를 켜고 따뜻하게 푹 주무시라고 말하는 것밖에 할 수 없었다.

나는 다시 설계 과제를 하다가 잠이 들었고, 쪽잠이 늘 그렇듯 피곤해도 깊게 자지 못하고 10시쯤 잠에서 깼다. 걱정되는 맘에 아빠에게 전화를 하니 곧장 받으셨다. 푹 주무셨냐고 여쭤보니 한숨도 못 주무셨다고 한다. 전화가 올까 봐 걱정되서 잠을 못 자겠다고 하셨다. 보일러도 고장이 났는지 따뜻해지지 않는 것 같다고 하셨다. 집까지 가서 불안한 맘에 잠도 못 주무시는 아빠. 집에 가서 아빠가 주무시는 동안 전화기를 붙들고 있고 싶다. 그러나 학기 마감을 위해 며칠 밤을 새울 각오로 학교에 온 나는 3일 뒤에나 집에 갈 수 있다. 아빠는 해도 떴고 잠이 안 오지만 이제 좀 주무실 거라고 하셨다. 아빠는 엄마를 얼마나 사랑하시는 걸까. 그 와중에 보일러는 왜 고장이 난 걸까. 내가 집에 있는 동안 고쳐놨어야 하는데, 난 고장이 난 것도 모르고 있었다. 어휴.

■

2017.12.07.

병원에서 엄마를 더이상 치료하기 힘들 것 같다고 이야기했다. 이전의 병원에서도 그랬다. 이전 병원에서는 임상실험에 참여해서 실험 중인 약에 기대를 걸었는데, 더는 안될 것 같다고 말했다. 국내 가장 유명한 병원에서도 엄마를 포기했지만 우린 포기하고 싶지 않았다. 그때 아빠는 인맥을 총동원해서 방법을 찾으려 하셨고, 결국 아는 분을 통해 실력이 좋다는 의사 선생님을 소개받고, 지금 입원해 있는 병원으로 옮겼다.

그리고 이젠 이곳에서도 치료가 중단되었다. 앞으로 우린 어디로 가야 할지 알 수 없었고, 절망적이었다. 우리는 포기하고 싶지 않은데 엄마도 그런지 알 수가 없었다. 12월을 넘기고서부터 엄마와 의사소통을 제대로 할 수 없었다. 엄마는 영양분을 섭취하는 것도, 약을 먹는 것도, 숨을 쉬는 것도 무엇 하나 스스로 하실 수 있는 게 없었다. 엄마 몸의 일부는 앙상하게 말랐는데, 일부는 여기서 더 부을 수 있을까 싶을 정도로 띵띵 부었다. 인간의 피부가 얼마나 더 늘어날 수 있을지 실험하는 것처럼 말이다. 어떻게 사람 몸이 이렇게 될 수 있는지. 받아들여지지 않지만, 눈에 보이는 엄마의 모습을 보면 인정할 수 밖에 없다.

이제 엄마가 어디로 가야 할지, 우리는 또 결정해야 했다. 결정을 위해 아빠는 선택지를 찾아내셔야 했다. 그 결과 정해진 것은 인천 서구의 한 병원이었다. 엄마의 병원은 혜화에서 신촌으로 그리고 인천으로, 점점 멀어지고 있다. 인천의 그 병원에는 할아버지도 계시는데, 두 분이 같은 병원에 계신다면 병간호가 좀 더 편할 거라는 생각도 있었다. 아빠는 어떤 생각을 하셨을까. 당신의 아버지와, 아내가 같은 병으로 같은 병원에 입원하는 상황을 어떻게 견디고 계실까.

우리는 이제 이곳에서 또 실낱같은 한 줄기 희망을 잡는다. '실낱같은 한 줄기'라는 말이, 다른 곳에서 많이 들어본 말이라 상투적이고 식상하게 느껴지지만 우리가 가진 희망은 정말 실낱같고, 그 실낱이 많지도 않아서, 한 줄기만 남아있는 상태다. 손으로 움켜쥐면 잡고 있는지 놓쳤는지 느껴지지도 않는 가느다란 머리카락과 같은 희망이 우리에게 남아있다. 우리는 인과관계에 상관없이 찾아오는 우연에 희망을 걸고 싶다.

■

2017.12.08.

(정확한 날짜가 기억이 나지 않는다. 이때의 기억이 강렬해서 어디 적어두었다고 생각했는데 적어놓은 것도 없고, 그때로 추정되는 사진만 남아있다.)

과제도, 시험도 다 끝나 좀 쉴 수 있게 되었다. 시험이 끝나고, 배가 고파 무얼 먹을까 고민을 하며 정문을 나오는 중이었다. 아빠께 전화가 왔다. 엄마가 위독하시다고, 얼른 오라고 하셨다. 택시를 타고 인천으로 가달라고 말했다. 사정을 설명하고 최대한 빨리 가달라고 했는데, 일정 속도를 넘었을 때 미터기가 그렇게 시끄러운 줄 그때야 알았다.

병원에 도착하니 엄마는 숨 가빠하고 계셨다. S는 아직 도착하지 않았다. 곧 중환자실로 옮겨야 하는 상황이라고 했다. 불안했다.

이번이 마치 마지막이 될 것 같았다. S가 지금 엄마를 못 보면 많이 아쉬워하겠다는 생각이 들었다. 서둘러 오고 있던 S가 더 빨리 올 수 없는 것을 알면서도 계속 S에게 전화를 했고, 어서 빨리 오라고 재촉을 했다. 결국 S는 엄마가 중환자실로 들어가시기 직전에 도착해 엄마의 얼굴을 보았다. 엄마는 S를 보고 웃으셨다고 한다. 엄마의 마지막 미소를 본 게 내가 아니라 S라서 다행이라고 생각했다. 마지막을 본 게 나였다면, S는 어디 가서 말도 못 하고 평생을 아쉬워 했을 것이다. 나는 괜찮다. 내가 아니라 S라도 괜찮다. 사실 S도 나와 같은 마음일지도 모른다.

병실에는 엄마만을 바라보던 나, 아빠, S, 이모, 할머니, 그리고 각자 하나둘씩 챙겨온 잡동사니들만 남아있다. 엄마만 안 계시고 나머진 그대로다. 엄마만 안 계신다. 환자가 중환자실로 옮기면 병실에서 짐을 빼야 한다. 언제 다시 병실로 돌아올지 모르는 기다림을 안고 짐을 치워둬야 한다. 회복해서 병실 생활을 시작한다면, 언제든 기쁜 마음으로 다시 짐들을 풀어놓을 수 있도록 해야 한다. 우리는 짐을 차로 옮겼다. SUV 차량이 가득 찼다. 마치 이사하는 것처럼. 차안의 짐들로 생활할 수 있다는 점에서 꼭 유목민 같았다.

우리는 엄마의 회복을 기다리는 시간을 다시 맞이했다. 눈이 녹길 기다리는 초원의 유목민도 이런 마음일지도 모른다.

■

2017.00.00.

(정확히 어떤 날인지 모르겠다. 엄마가 마지막으로 중환자실에 들어가신 날을 적다 보니 떠올랐다.)

엄마는 자꾸 바다가 보고 싶다고 하셨다. 정신이 온전한 상태에서 말씀하신 게 아니기 때문에, 우린 이것을 섬망의 일종이라고 여겼다. 그러나 사랑하는 사람의 소원은 그게 섬망의 장난일지라도 들어주고 싶다는 생각이 든다. 특히 아빠는 엄마의 소원을 들어주지 못해 마음 아파하셨다. 그리고 거기서 더 나아가 온전치 못한 엄마를 설득하는 것도 쉽지 않았다. 마치 떼쓰는 어린아이를 이해시키는 것과 같았다. 들어주고 싶지만 들어줄 수 없으며, 이해시키는 것은 더 어려웠다.

결국 아빠가 찾은 타협점은 병원을 한 바퀴 도는 것이었다. 엄마는 휠체어에 앉기도 힘든 상태여서, 침대에 누워 산소통의 산소로 호흡을 하며 이동하셨다. 아빠는 지금은 바다에 갈 수 없으니, 오늘은 이렇게 병원 한 바퀴를 돌고, 좀 나아지면 그때 바다에 가자고 하셨다. 그 말을 하신 아빠는 얼마나 슬프셨을까. 아빠는 바다에 가지 못하는 게 엄마보다 더 안타까우셨을 것이다.

결국 엄마는 병원 한 바퀴를 돌고 금방 병실로 돌아오셨다. 바다에 가고파 하시는 맘은 조금 수그러들었다. 하지만 우리 마음은 수그러들지 않고, 아쉬움이 가득차 흘러넘쳤다.

■

2017. 12. 12.

날이 쌀쌀하다. 어제 수업이 끝나고 병원으로 왔다. '병원으로 왔다'라는 말은 지난주에도 했고, 몇 달 전에도 했는데, 말만 같고 각각 다른 장소를 지칭하는 말이 되었다. 이제 병원은 인천을 향하는 말이 되었다.

지난번에는 차를 탔지만 오늘은 지하철을 타고 왔다. 할머니는 이전에 할아버지를 뵈러 다니실 때 혼자 지하철을 이용하셨는데, 이렇게 멀 줄은 몰랐다. 아니 알았지만, 겪어보니 더 멀게 느껴진다.

나에게 인천은 항상 큰맘 먹고 가는 곳인데, 그런 곳에 오게 되니 기분이 이상하다. 도착하고 나니 모든 게 낯설어서 어색하다. 서울에서는 어딜 가든 어느 정도 익숙하다는 생각이 드는데, 이곳은 아니다. 좀 과장하자면 눈에 보이는 것부터 기분까지 어색하다.

어색함을 느낄 때마다 '내가 왜 여기 있을까?'라는 생각이 들었고, 고개를 휘휘 저어 그런 생각을 떨쳐냈다.

오늘은 엄마의 상태를 확인하고 아빠와 S와 함께 밥을 먹으러 나갔다. 걸어가는 아빠와 동생의 뒷모습에 슬픔이 묻어있는 것처럼 보였다. 뒤를 보고 있지만, 앞까지 보이는 기분이다. 그들은 180cm가 넘는 큰 키로 곧게 서서 걸어가지만 축 처져서 작아 보였다.

■

2017. 12. 13.

엄마는 계속 중환자실에 계신다. 병원에서는 상황이 나아지지 않는다고 했다. 점점 나빠지고 있다. 우리는 중환자실 앞 의자에 앉아있었다. 우리 외의 다른 사람들은 중환자실에 있는 가족을 잠깐 보고 돌아갔다. 계속 앉아서 기다리는 가족은 우리뿐이었다. 우리는 상황이 나빠질까 봐 걱정하는 마음 위에 그래도 나아질지도 모른다는 희망을 덮고 있었다.

엄마의 정신이 온전했을 때, 엄마는 당신이 아픈 사실을 주변에 알리고 싶지 않아 하셨다. 남들이 당신을 불쌍하게 생각할지도 모른다는 생각에 남들에게 이런 모습을 보이고 싶지 않다고 생각하신 것 같다. 따로 물어보진 않았지만, 나는 엄마의 마음을 조금 알 것 같기도 하다. 물론 정확한 엄마의 마음은 알 수 없다.

오늘은 엄마의 소식을 들은 외가 친척들이 오셨다. 엄마가 주변에 소식을 전하고 싶지 않아 하셨기 때문에, 엄마가 아픈 것을 아는 가족들 역시 주변에 따로 알리지 않았다. 그러나 이제는 더 늦으면 안 되겠다 싶어 소식이 퍼진 듯하다. 친척들은 중환자실에 찾아와 엄마의 얼굴을 꼭 보고 가려고 하셨다. 엄마는 상태가 많이 안 좋아지신 데다 얼굴과 몸이 잔뜩 부어있었다. 심지어 말을 할 수도 없기 때문에, 우리는 상황을 말씀드리고 좀 나아지면 그때 보셔야 할 것 같다고 말했다. 하지만 친척들은 당신들과 엄마의 친분을 들이밀며 막무가내로 꼭 보고 싶다며 결국 중환자실까지 들어가 엄마의 얼굴을 보고 나오셨다. 그리곤 아빠에게 야속한 말들을 하셨다. "저렇게 될 때까지 뭐했냐", "왜 말을 안 했냐"와 같은 말들이었다. 평소에 나쁜 분들이 아니었기에 악의를 갖고 하는 말이 아니란 것을 알고 있다. 그분들은 원망할 곳을 찾다가 아빠의 마음을 후비는 말들을 하셨다. 이중에 가장 힘든 사람은 아빠인데 말이다. 아빠는 당신의 가슴을 치며 날아오는 말들을 묵묵히 듣고만 계셨다. 아빠의 마음은 얼마나 너덜너덜해졌을까.

■

2017.12.14.

아빠와 함께 집에 들러 또 며칠 버틸 준비물들을 챙겼다. 다시 차를 타고 가는데, 스크린 골프장이 보였다. 아빠의 취미 중 하나인 골프. 평소 동네에서 친구분들과 자주 가곤 하셨는데, 그런 아빠가 "스크린 골프 안 간 지도 오래됐네. 세월이 멈춘 것 같아"라고 하셨다. 아빠는 정말 모든 걸 쏟아부은 채 버텨내고 계셨다. 차라리 정말 말 그대로 시간이 잠깐 멈춘 거였다면 좋겠다. 시간이 멈춰서 힘든 거라면 좋겠다.

■

2017. 12. 16.

아빠가 엄청나게 취하셨다. 술이라도 드셔야 괜찮으신가 보다. 마음 아픈 소리를 잔뜩 하신다. 그런 아빠를 보면서 할 수 있는 게 없다.

■

2017. 12. 17.

우리는 대기실에 앉아있었다. 아빠는 내 뒷줄에 앉아 중환자실 환자들의 상황을 알리는 모니터만 바라보고 계셨다. 뒤돌아 그런 아빠를 보고 있자니 아빠와 다른 공간에 있는 것 같아 사진을 남기고 싶었다. 왼쪽 어깨 너머로 스마트폰을 들어 아빠를 찍었다. 내 스마트폰은 찰칵 소리를 내었고, 아빠는 얼굴을 조금 돌려 카메라를 바라보셨다. 사진에는 카메라를 바라보는 아빠의 모습이 찍혔는데, 남들이 보면 아빠가 피곤해 보인다고 생각했을 것 같다. 사진을 보고 있자니 내 눈에는 아빠가 나를 향해 애써 미소 지으시려는 것처럼 보였다. 평소에 웃는 상도 아니신데, 내 눈에는 그렇게 보였다. 아빠는 이런 상황에서도 아들에게 짐을 지우고 싶어하지 않으신 걸까.

*

할아버지가 돌아가셨다. 영안실로 내려가시기 전에, 할아버지의 얼굴을 잠깐 볼 시간이 있었다. 세상을 떠나셨다고 믿어지지 않았다. 다른 가족들이 없는 사이, 잠깐 둘만 있을 시간이 생겼다. 야위어버린 할아버지의 얼굴을 쓰다듬으며 인사를 했다. "좋은 곳으로 가셔요. 그리고 가실 때 엄마 아픈 것 좀 가지고 가주셔요"라고 말했다. 그렇게 말하고 나니 눈물이 흘렀다.

내게 아주 커다랬던 할아버지는 이제 작고 작아지셨다.

■

2017. 12. 19.

이상한 날이다. 오늘도 우리는 대기실에 앉아 기다리고 있었다. 멍하니 앉아서 TV를 보고 있는데, TV에 엄마가 좋아하는 음식이 잔뜩 나왔다. 콩나물밥, 녹두죽, 팥죽이 나왔다. 엄마가 먹고 싶다고 말씀하시는 것 같았다. 울고 싶다.

■

2017. 12. 20.

딱 일 년 전으로만 돌아가면 좋겠다. 나는 평소에 엄마가 뭐하고 계시는지 자주 전화를 하곤 했다. 생각해보니 내가 힘들 때마다 엄마를 찾은 것이었다. 후회만 가득한 요즘, 무엇이 문제였는지 알 수가 없다….

엄마가 돌아가셨다. 정확히는 우리가 엄마를 놓아드렸다.

몸이 너무나 많이 불어서, 피부 사이로 체액이 흘러나왔다. 인공호흡을 하는 것도 힘들어서 산소농도를 높여야 했다. 그런 엄마를 보고 있자니 '이젠 뭘 더 어떻게 해야 하지'라는 생각이 들었다. 사실 엄마를 놓아드리는 것은 우리 선택지에 없었다. 병원은 우리에게 더이상은 힘들 것 같다고 말했다. 중환자실에 있던 가족들은 마지막 결정을 해야 했다. 우리는 엄마를 놓아드리기로 했다. 생체 반웅이 천천히 줄어들었다. 우리는 엄마에게 계속 사랑한다고 말했다. 엄마가 어디까지 들으셨는지 모르겠다. 나중에 엄마를 만나면 물어보고 싶다.

엄마를 놓아드리면서도 놓고 싶지 않다는 생각과 놓지 않는 것이 우리의 욕심인가 하는 생각이 뒤엉켰다. 우리가 놓아도 되는걸까 싶기도 했다. 표현을 못 하셔서 그렇지, 사실 엄마도 살고 싶어하시면 어쩌지 싶었지만 더이상 엄마의 힘듦을 지켜볼 수가 없었다. 나중에 엄마를 보면 손을 놓아서 죄송했다고 말해야지.

■

2017.12.21.

엄마가 다 나으면 선물하려고 영화 <라라랜드>의 주인공이 입었던 옷과 비슷한 파란 드레스를 샀다. 주문한 옷이 집에 도착했다고 했는데, 결국 드리지 못했다. 친구에게 부탁해서, 집에 도착한 옷을 병원으로 가져다달라고 했다. 입관하실 때 함께 넣어드렸다. 그곳에서 예쁘게 입고 행복하시길 바랐다.

장례식이 시작되기 전, 아빠가 카페에서 커피와 케이크와 샐러드를 사 오셨다. 엄마가 좋아하시는 것들이다. 나는 친구에게 부탁해서 군고구마를 사다 달라고 했다. 하얀 국화꽃들 앞에 사온 것들을 두고, 엄마가 맛있게 드시기를 기도했다.

■

2017. 12. 22.

많은 사람이 위로해주러 왔다. 감사함을 셀 수 없다. 너무나 슬펐지만 그래도 큰마음을 받았다.

생각해보니 그날이 가장 아팠다. 돌아보니 지난날은 아무것도 아니었다.

■

2018.02.13.

외할아버지가 돌아가셨다. 근래에 슬픈 일이 많다. 사람들이 외할아버지는 편안히 돌아가신 거라고 말했다. 아무리 편안히 가셨다고 해도 호상은 없는 것 같다. 다 아쉽다.

시간이 더디게 지나간다.

■

2018.03.01.

가족들을 설득해서 여행을 다녀왔다. 다 같이 여행을 다녀오면 좀 나아질까 싶어서였다.

오스트리아 빈에서 지내던 어느 날, 엄마가 나오는 꿈을 꿨다. 꿈은 오랜만에 엄마를 만나는 상황이었다. 나는 엄마를 보자마자 보고 싶었다는 말을 했다. 엄마도 동시에 보고 싶었다고 하셨다. 나는 그 말을 듣고 울었다. 잠에서 깬 뒤에도 눈물이 주룩주룩 흘렀다. 보고 싶다. 엄마.

■

2018.03.02.

패키지 여행은 이동하는 시간이 길다. 그 긴 시간 동안 잠도 자고, 다음 여행지에 대한 설명도 들을 수 있다. 오늘은 안드레아 보첼리 공연 실황을 틀어주었다. 그걸 보신 할머니는 보첼리에게 한과 외로움이 묻어나는 것 같다며 신은 참 공평하다고 말씀하셨다. 나는 신이 할머니에게 건강한 몸을 주셨지만 그 대신 할아버지와의 이별을 일찍 찾아오게 하셨나 생각했다. 나에게선 엄마를 데려가셨는데, 도대체 무엇을 주려고 이렇게 일찍 엄마를 데려가셨나 생각했다.

■

2018.03.06.

퇴직하신 엄마는 대통령 표창을 받으셨다. 시계와 표창이 같이 왔다. '귀하는 교육에 헌신적으로 봉사하여 국민 교육 발전에 이바지한 공로가 크므로 이에 표창합니다'라고 적혀있었다. 자랑스러운 우리 엄마.

■

2018.03.09.

엄마는 병을 얻고 난 뒤로 인상을 자주 쓰셨지만 나를 보면 항상 웃으셨다. 엄마는 그렇게 아픈 와중에도 나를 보면 항상 웃어 주셨다. 엄마가 많이 그립다. 엄마의 웃는 모습은 더더욱 그립다.

■

2018.03.31.

봄이 왔고, 뒷마당의 온실을 정리해야 했다. 엄마가 아프기 시작하셨을 때 만든 온실은, 엄마가 집에 안 계시는 동안 제대로 관리되지 못했다. 엄마에게 집중하느라 신경쓰지 못했다. 온실에 가니 네모나고 얕은 화분에 심었던 꽃이 죽어있었다. 그냥 죽지 못하겠다는 마음이었는지, 바깥쪽을 향해 잔뜩 쏠려있었다. 발이 묶인 채 얼마나 애쓰고 버텨냈을까 싶었다. 그 모습을 보니 살기 위해 온 힘을 다했던 엄마가 떠올랐다. 엄마는 얼마나 애쓰고 버티셨을까.

■

2018.04.17.

엄마를 생각하는 건 잔뜩 흔든 콜라병을 쥐고 있는 것과 같다. 혹은 뜨거운 냄비 같다. 조금 열어보다가 뭔가 잔뜩 쏟아져 나올까 봐 겁이 나 다시 닫아버리게 된다.

■

2018. 04. 18.

나는 생일을 좋아한다. 생일을 챙겨주는 사람들이 표현하는 것 이상의 감동을 받는다. 하지만 이번 생일은 유독 우울했다. 엄마가 안 계신 첫 생일이었다. 기쁘지 않은 생일은 처음이었다. 아빠 차를 빌려 혼자 엄마를 뵙고 왔다. 가서 엄마를 보고, 울었다. 가는 길에도 울었고, 오는 길에도 울었다. 봉안당 앞에 벚꽃이 많이 피었던데, 아름다운 걸 봐도 슬펐다. 그래도 엄마를 뵙고 나니 마음이 조금 편안해졌다.

가족들이 챙겨주는데도 많이 기뻐할 수 없어서 조금 미안했다. 그런 내 맘과 달리 여전히 그 자리에서 축하해준 사람들에게 감사했다. 덕분에 내년 생일은 조금 더 기뻐할 수 있을 것 같다.

■

2018. 05. 15.

군대에 있을 때, 엄마는 나를 많이 그리워하셨다. 나는 엄마의 가장 친한 친구 중 하나였는데, 내 빈자리가 크게 느껴지셨나 보다.

하루는 엄마가 혼자 면회를 오셨다. 보통 아빠나 동생과 함께 오셨는데, 다들 시간이 안 되었는지 혼자서 오셨다. 면회 외출을 얻어, 바깥에 나가 시간을 보냈다. 엄마와 칼국수집에 갔다. 서비스로 주는 꽁보리 열무 비빔밥이 맛있어서 칼국수가 나오기 전에 두 번이나 가져다 먹었다. 엄마도 좋아하셨다. 이후 나온 칼국수도 좋아하셨다. 시간이 흘러 복귀해야 할 시간이 되었다. 부대 위병소에 도착해서 엄마 먼저 가시라고 했다. 땅거미 진 하늘은 어둑어둑해지고 있었다. 부대 앞의 좁은 왕복 이차선 도로에는 가로등이 드문드문 있었고, 차의 헤드라이트로 길을 밝히며 가야 했다. 위병소 앞에 서서 출발한 차가 안 보일 때까지 바라보았다. 뒷모습이 유독 쓸쓸해 보였다. 아직도 그때의 모습이 선명하다. 군대에 있는 동안 했던 수많은 면회 중에 이날만큼 가슴이 아리는 날이 없었다. 그날을 생각하고 있으면 조수석에 앉아 엄마를 바라보고 있는 기분이다. 혹시 엄마가 돌아가는 차 안에서 울진 않으셨을까? 돌아가는 내내 걱정을 떨칠 수가 없었다.

■

2018. 05. 16.

스승의 날, 아빠는 엄마를 뵈러 가는 사람이 없다며 당신이라도 다녀오시겠다고 하셨다.

요즘 나는 졸업작품전 때문에 학교 앞 고시원에서 생활하는데, 스승의 날 전날에 집에 들를 일이 있었다. 아침에 일어나니 우리 집 근처 학교에서 체육대회 하는 소리가 들렸다. 신나는 노래를 틀고, 가끔 마이크로 방송을 하는 소리, 응원하는 소리가 들렸다. 체육대회의 소음을 들으면서 나는 '체육대회 하나보다'라고 생각했는데, 아빠는 매년 이맘때 쯤 체육대회를 준비하시던 엄마 생각을 하셨다. 학교에서 체육, 무용을 담당하시던 엄마에게 체육대회는 가장 큰 업무 중 하나였을 것이다. 매년 열심히 준비하시고 기대하셨다. 나도 이제 체육대회만 보면 엄마 생각을 하겠지.

아빠는 돗자리까지 챙겨서 엄마를 만나러 가셨다. 같이 못 가는 게 아쉽다. 가는 길에 아빠가 '엄마가 보고 싶을 때'라는 제목의 글을 적은 메모지 사진을 메신저로 보내주셨다. 메신저에 사진이 올라왔는데, 너무 슬퍼서 뭐라고 반응해야 할지 고민을 했다. 메신저로는 무슨 말을 적어도 적당하지 않다는 생각이 들었다. '저도요'라는 말 외에 아무 말도 할 수가 없었다. 아직 우린 너무 슬프다.

■

2018. 05. 19.

건축 기사 필기시험을 보고 왔다. 내가 건축 기사 필기시험을 보게 될 줄은 몰랐다. 취업을 하려고 하니 이것저것 다 손대게 된다. 다행히 문제지를 집에 가져갈 수 있게 해주는 시험이어서 집에 돌아와 점수를 매겨볼 수 있었다. 과락 없이 합격이었다. 떨어질지도 모른다고 생각했는데, 붙고 나니 좀 얼떨떨했다. 아빠에게 말씀드리니 엄청나게 기뻐하셨다. 조금 거짓말을 보태서 고시라도 붙은 것처럼 좋아하셨다. 나는 얼떨떨한데, 아빠가 너무 기뻐하시니 감정의 온도차이에 조금 머쓱했다.

마치 재수 끝에 대학교에 합격했을 때 같았다. 나는 가, 다군을 같은 학교 같은 과로 지원했고, 나군을 지금 다니는 학교로 지원했다. 가, 다군은 안정권이었고, 나군은 조금 상향지원에 해당했다. 운 좋게도 한 번에 합격했다. 엄마, 아빠는 굉장히 좋아하셨는데,

그때도 나는 얼떨떨해서 엄마, 아빠만큼 기뻐하지 못했다. 그때 엄마, 아빠는 나에게 기쁘지 않냐고 하셨다. 그때의 나는 목표보다는 못했다는 아쉬움이 있어서 그랬다. 오늘의 나는 기쁨이 크게 와닿지 않아서 그랬다.

아빠는 밤늦게 돌아오셔서 다시 기뻐하시며 눈물을 흘리셨다. 엄마가 계셨다면 아주 좋아하셨을 거라고 말씀하셨다. 내가 머쓱할 정도로 과하게 기뻐하시던 아빠는 엄마 몫까지 기뻐하신 거였다.

■

2018.05.22.

엄마.

엄마가 돌아가신 지금 슬픔과 후회가 반복됩니다.
후회와 슬픔 중에 무엇이 더 큰지 잘 모르겠습니다.

저는 작년에 뭘 한 걸까요.
혹시 그때로 돌아갈 수 있다면 저를 발로 차버리고 싶습니다.
엄마가 그리 아프신데, 왜 저는 엄마가 금방 나아지실 거라고 여겼을까요.

엄마가 가장 사랑하는 저는 왜 엄마를 위해 모든 노력을 쏟지 않았을까요.

취업이 늦어질까 봐, 작년에 휴학하지 않은 게 너무 후회됩니다.

아빠와 엄마가 간병과 투병에 지쳐가실 때, 저는 뭘 한 걸까요.
결국 저는 엄마도, 취업도 모두 놓쳐버리고 말았습니다.

죽고 싶네요.

작년에 여자친구를, 친구들을 만나는 게 아니었어요.
여행을 가는 게 아니었어요.
저는 지금도 작년 사진 속 웃고 있는 저를 보면 죄책감이 느껴져서
사진 속 저를 똑바로 쳐다볼 수가 없어요.

정말 한심하고 못난 아들이네요.
그런 아들을 가장 사랑해주셔서 너무 고마워요. 엄마가 날 사랑하
셨던 만큼 슬퍼요.

■

2018. 05. 27.

아빠 죄송해요.

가끔 엄마가 너무 보고 싶을 때,
엄마에게 전화하던 습관이 나올 때,
엄마 번호로 전화하면 부재중 목록을 보신 아빠가 아파하실까 봐 괜히 아빠한테 전화했어요.

날이 더워지고 있는 요즘,
일 년 전 더운 여름, 가평으로 이사 가셨던 엄마와 아빠가 생각났어요. 그리고 그때로 돌아가고 싶다는 생각이 들었어요. 아빠가 지난 일 년 동안 얼마나 힘드셨는지 다 봤으면서, 엄마가 살아계신 그때로 돌아가고 싶다는 생각이 들었어요.

엄마가 돌아가실 때, '이제 엄마가 안 아프시니까 편안하시겠지'라고 생각하면서도 그때로 돌아가고 싶었어요.

하루라도 좋으니 작년으로 돌아가고 싶어요.
죄송해요. 아빠.

■

2018.05.29.

혼자 집에 돌아오던 새벽 세 시 반. 지난 사진들을 뒤적이며 작업에 필요한 사진들을 보는데 엄마가 너무 그립다. 엄마가 계시지 않다는 게 아직도 잘 받아들여지지 않는다. 낮은 도로 턱에 낮고 느린 나의 발걸음이 걸리면 그제서야 고개를 들고 현실로 돌아온다.

고요한 밤거리. 집으로 돌아가는 길은 꽤나 밝지만 밝기에 비해 조용하다. 아이러니하게도 서울의 밤은 시골의 밤보다 조용하다. 비워진 밤의 도시를 채울 자연이 없어서인지 조용하다. 비워진 밤의 도시를 돌아본다. 내가 놓친 어딘가에서 엄마가 조용히 날 보고 계실 것 같아서 애써 두리번거린다. 한 번쯤 더 볼 수 있을 것 같아서 희끄무레한 하늘도, 가로등도, 쓰레기봉투 사이도, 옆집 옥상도 두리번거려본다. 어딘가에 계실까 봐. 숨바꼭질이라도 하듯이.

딱 한 번만 더 엄마를 볼 수 있다면 남은 인생이 덜 힘들까.

■

2018. 06. 10.

Y와 헤어졌다. 헤어지는 것은 슬픈 일이다. 헤어짐과 더불어 또 슬픈 것은, 앞으로 엄마를 본 적 없는 사람들을 만나게 될 것이라는 서러움이다. 내게 가장 큰 부분을 차지하는 엄마를, 사람들에게 말로만 설명해야 한다는 것이 서럽다.

■

2018.06.26.

엄마, 오늘 엄마랑 가끔 갔던 콩국수 집에 다녀왔어요.

엄마가 돌아가시고 난 뒤, 엄마랑 먹었던 콩국수가 먹고 싶었는데 주인 아주머니가 엄마 안부를 물으실까 봐 선뜻 혼자 가지 못했어요. 그래서 가까이 사는 아주 친한 친구랑 다녀왔어요. 제가 남들 앞에서 늘 그러듯이, 들어가면서 아무렇지 않은 척했지만 사실 걱정되더라고요. 그런데 주인 아주머니는 주방에 계시고 다른 분이 맞이해주셨어요. 그냥 조용히 먹고 나갈까 했지만, 자리에 앉기 전에 주인 아주머니에게 인사를 드렸어요.

저를 기억 못 하시길래, 이전에 옆집에 살았던 얘기를 하니 기억하셨어요. 저를 기억하고 나니 역시나 엄마 얘기를 물으셨어요. 그래서 제가 먼저 얘기했어요. 엄마가 12월에 돌아가셨다고요. 그때 아주머니 얼굴에 당혹감이 떠오르는 것을 보고 괜스레 슬퍼져서 얼른 방으로 들어갔답니다.

(돌아보니 어느새 6개월이나 지났네요. 저는 왜 한두 달 밖에 안된 것 같을까요.)

콩국수를 먹는데 여전히 맛있었고, 아주머니가 만두를 좀 더 주셨어요. 엄마와 함께 왔던 날이 생각나요. 어쩌다 여길 왔는지는 기억나지 않아요. 엄마가 맛있게 드시던 것만 기억나요. 그리워요. 여전히 이 방의 에어컨은 추울 정도로 시원하고, 콩국수도 만두도 그대로인데, 엄마만 안 계셔요.

다 먹고 나오니 같이 간 친구가 건너편에 있는 추어탕 집이 맛있다며 알려줬어요. 나는 추어탕을 못 먹지만, 진작 알았다면 엄마랑 갔을 텐데…. 이제 와서 엄마와 추어탕을 같이 먹은 적이 없는 게 미안하고, 아쉬워요. 보고 싶어요. 엄마. 추어탕은 여전히 못 먹지만, 엄마 보고 싶어요.

■

2018.07.15.

할머니와 봉안당에 다녀왔다. 할아버지와 엄마가 계신 곳. 품에 안을 수 있을 만한 작은 유리 상자가 잔뜩 쌓여있다. 유골을 넣고 남은 공간을 채운 모습이 제각각이다. 그중에 시계가 꽤 많다. 시계가 많은 건지, 내 관심사가 시계에 있어서 많아 보인 건지.

그 시계들을 보고 있자니, 죽은 사람들의 시간은 멈췄는데, 시계가 무슨 소용인가 싶었다. 내 맘을 읽기라도 한 듯이, 할머니가 "시간 가는 줄이나 알라고 시계를 넣어놓았나"라고 하셨다.

역시 우리 할머니.

■

2018. 08. 24.

엄마 꿈을 꿨다.

꿈에서 엄마가 안 계셔서 슬퍼하고 있는데, 갑자기 다른 장면으로 이어졌다. 엄마랑 S랑 어릴 때 살던 동네 상가 3층 식당에 앉아 아빠를 기다리고 있었다. 아빠는 조금 늦게 오셨다. 어제 한 파마가 맘에 안 드셨는지, 머리를 반삭으로 밀어버리고 오셨다. 왜 밀어버리셨냐고 여쭈었는데, 기분이 안 좋으신지 딴소리를 하셨다. 엄마는 잠시 쳐다보시다가 이따 얘기하자는 표정으로 아무렇지 않은 척하셨다.

오랜만에 엄마가 나오는 꿈을 꿨는데, 우리 가족이 넷이라는 점이 이상하게 느껴지지 않았다. 당연한 거겠지만.

■

2018.09.13.

엄마의 메신저 계정이 사라졌다. 무슨 일인가 싶어 집에 와서 엄마 스마트폰을 찾아 충전시키고 전원을 켜보았다. 2월부터 요금이 미납되었다고 한다. 내일 요금을 내고 다시 인증받으면 계정이 다시 돌아올까. 엄마가 사라진 것도 아니고 엄마라고 저장한 계정이 '알 수 없음'으로 변한 것뿐인데, 너무 섭섭하다. 이건 미련일까.

오랜만에 엄마 스마트폰의 갤러리를 구경했는데, 못 봤던 동영상이 있었다. 엄마의 웃음소리가 들린다. 이제는 엄마의 웃음소리를 들어도 눈물이 나지 않는구나 싶었는데 옆에서 낑낑대는 강아지 아토를 피해 잠깐 문을 닫고 나니 눈물이 왈칵 쏟아진다. 에이. 아직 아니구나.

■

2018. 09. 22.

오랜만에 외할머니를 만나 점심을 함께했다. 엄마가 살아계신 동안에는 몰랐는데, 이제 보니 외할머니의 얼굴에서 엄마가 아프실 때의 얼굴이 보였다.

외할머니는 언제나처럼 내 걱정을 잔뜩 하셨고, 나는 그게 싫어서 할머니부터 챙기시라며 잔소리를 해댔다. 그 순간 나와 똑같이 외할머니에게 잔소리하던 엄마의 모습이 떠올라 눈물이 왈칵했다. 입에 넣은 갈비탕이 넘어가지 않았다. 억지로 창밖을 잠깐 쳐다보고 다시 갈비탕을 뒤적거리며 눈물을 숨겼다.

외할머니는 엄마가 이렇게 빨리 갈 줄 알았다면 가게 일을 도와달라고 부르지도 않았을 거라 후회하셨다. 엄마와 외할머니는 엄마가 정년퇴임하면 야산에 캠핑장을 만들어 함께 운영하자고 약속

했었다고 하신다. 약속도 못 지켰는데 가버린 엄마가 불쌍하다며 눈물 흘리시는 외할머니를 보니 마음이 아팠다. 외할머니는 엄마가 고생만 하다가 돌아가신 게 마음 아파 죽겠다고 하시는데, 그 얘기에 나는 또 울컥했다. 내가 보기에는 외할머니도 당신 삶에 당신 없이 자식들을 위해 고생만 하고 계신 것 같다. 나는 외할머니와 엄마의 어깨를 밟고 살아간다.

다 먹고 외할머니 가게로 올라와서는 외할머니의 계획을 들었다. 한방 커피를 파는 카페 이야기, 동덕여대생들이 바글거릴 떡볶이집, 어른들이 와서 조용히 대화를 나눌 수 있는, 지금은 사라진 옆 건물 카페의 역할을 대신할 장소 등…. 엄마가 살아생전 네 할머니는 사업가라고 얘기하신 게 생각났다. 이렇게나 멋진 분인데, 나는 괜히 또 걱정을 하며 잔소리했다. 나도 참 나다.

■

2018. 12. 05.

맘이 허하다. 자꾸 무언가로 채우고 싶다. 쇼핑을 하기도 하고, 사지 않고 열심히 쇼핑몰을 뒤적거리기만 하기도 한다. 그러고 있으면 시간이 잘 간다. 나는 무언가가 채워질 시간을 당기느라 애쓰고 있는 것일지도 모르겠다.

■

2018. 12. 29.

12월의 마지막이 다 와간다. 12월의 마지막은 올해의 마지막이다. 12월은 조금 억울할지도 모르겠다. 그런 12월의 기분도 모르고 다들 송년회를 즐기느라 바쁘다. 나도 동네 친구들과 송년회를 했다. 곱창에 맥주를 마시고 구운 치즈와 문어에 하이볼과 맥주를 또 마셨다. 집에 돌아오니 배가 많이 불렀고, 먹으면 바로 배변활동을 하는 아토마냥 나도 변기에 앉았다.

동생과 아빠는 아직 들어오지 않았고, 아토는 방에서 자고 있고, 할머니는 거실에서 주무시는 밤. 고요하다. 할머니가 보다 잠드신, 자연인이 나오는 TV 프로그램이 정적을 깨고 있었다. 나는 자연인의 목소리가 비집고 들어오는 화장실 변기에 앉아 조용히 엄마를 불러보았다. 사방이 타일로 마감된 1.5평 남짓의 화장실에서 내 목소리가 조용히 울린다.

"엄마."

이게 얼마 만에 불러보는 것인가. 나는 앞으로 입 밖으로 소리 내 '엄마'라고 부를 일이 없다. 요 며칠 동안 내 목구멍에 걸려있던 말이 바로 이것이었나보다. 멈춰선 횡단보도 앞에서도, 시끄러운 버스 안에서도, 사람들 가득한 길거리에서도, 자꾸 목에서 무언가가 터져 나오려 했는데 꾹꾹 눌렀던 그 말. 다시 한 번 입 밖으로 꺼내본다. 언제 또 꺼낼지 모르는 귀한 말을.

"엄.마…."

■

2020.01.12.

우리 엄마에겐 늙은 시절이 없다. 엄마의 시간은 언제나 55세의 겨울에 멈춰있을 것이다. 혹은 새로 시작했을지도 모른다. 어디선가.

그래서 나에겐 늙은 어머니, '노모'라 부를 어머니는 평생 없을 것이다. 늙은 어머니와 중년을 바라보는 자식이 함께 걸어가는 모습을 보면, 내가 평생 경험할 수 없는 모습에 부러웠다. 나는 엄마의 구부정한 허리도 볼 수 없을 것이고, 푹푹 파인 주름살도 만져볼 수 없을 것이며, 지팡이로 땅을 꾹꾹 누르며 걸어가시는 모습도 볼 수 없다. 움직이실 때마다 관절이 쑤셔 "에구구" 하는 소리도 들을 수 없을 것이다. 누군가에겐 삶의 고단함을 느끼게 하는 장면들이 나는 부럽기만 하다.

나에겐 오직 55세의 엄마뿐이다. 엄마의 시간은 멈추었고, 내 시간만 엄마를 따라잡고 있다. 이렇게 시간이 흐르고 흘러 내가 엄마보다 나이가 많아지면, 그땐 나보다 어린 엄마를 만나게 되겠지. 이것 또한 노모를 모시는 사람들은 할 수 없는 경험일까?

■

2020.01.16.

집으로 돌아오는 길은 상당히 고요하다. 가끔 차가 지나가고, 사람이 지나가지만 내가 가장 느리다. 나는 걸음이 느리다. 모두가 나를 지나쳐 가게 두고, 가장 느리게 걸어간다.

뒤를 돌아보는 버릇이 생겼다. 뒤를 돌아보면 내가 올라온 만큼의 언덕이 보이고 높아봤자 5층을 넘지 못하는 건물들 위로 하늘이 보인다. 요즘의 하늘은 보통 진회색이고, 가끔은 짙은 남색이다. 두 가지를 섞어놓은 것 같은 때도 있다.

나는 왜 뒤돌아보는 걸까. 뒤에 아무도 없는데, 자꾸 뒤돌아보고 멈춰선다. 이 조용한 동네는 나에게 공허함을 불러온다. 공허해서 뒤를 돌아보는 건지, 뒤를 돌아보다가 공허함을 느끼는 건지 경계가 명확하지 않다. 그리고 공허함도 나를 쳐다본다. 심연을 들여

다볼 때 심연도 나를 보고 있다는 말을 온몸으로 느끼고 있다. 그리고 눈앞에 아무것도 보이지 않는 것만이 공허한 게 아니라는 것도 느낀다. 시야 안에 무언가 바득바득 채워져 있어도, 공허할 수 있다는 걸 이제야 안다.

■

2020.02.11.

5박 6일의 일정을 마치고 새벽 여섯 시에 인천에 도착했다. 짐을 싣는 것도, 체크인하는 것도, 경유를 하는 것도, 비행기에서 편히 쉬는 것도, 모두 전혀 문제가 없었다. 집에 돌아오는 것도 그랬다. 공항 버스와 공항 철도 중에 편한 것을 골라 집으로 돌아오는 길은 아주 여유로웠다. 마치 학교를 다녀오는 길처럼 쉬웠다.
집에 와서 짐을 푸는 건 더 쉬웠다. 빨랫거리를 정리하고, 선물할 기념품과 나의 기념품, 장기간 쓰지 않을 짐과 일상에서 바로 사용할 짐을 나누어 후다닥 정리해버렸다.

아침에 돌아와 정리를 하는 동안 할머니가 먼저 출근하셨다. 그리고 나와 아토만 남았다. 오랜만에 만났으나 곧 한 시간 내로 또 출근할 나를 바라보는 아토에게 미안한 맘이 들어 괜히 말을 걸었다. 아토의 얼굴을 쳐다보다가 할 말이 없어서 "아토야, 나 이제 여행 잘 다닌다"고 말했다. 잘하고 말 것도 없어서 잘 다닌다고 말할 것도 없지만, 어디든 걱정 없이 다닌다는 의미였다. 앞으로 평생, 이렇게 할 수 있을 것 같다는 생각이 들었다. 그냥 갑자기 조금 뿌듯했던 것 같다. 그렇게 말하고 나니 괜히 엄마 생각이 나서 한마디를 덧붙였다. "그러니까 이제 엄마도 걱정 덜하시겠지?" 지퍼백을 정리하며 한 손으로 주방선반을 열어재끼는데, 눈물이 왈칵했다. 걱정 안 하시겠지, 나만 걱정하는 거겠지.

■

2020.02.12.

눈을 보면 가장 먼저 떠오르는 기억이 있다. 눈 내린 아침, 안방에는 엄마만 계신다. 아빠가 곧 돌아오시고, 밖에서 뭉쳐온 눈을 누워계신 엄마에게 갖다 대신다. 깜짝 놀라는 엄마와 즐거운 아빠, 그리고 그걸 바라보는 나. 아침에만 그런 것은 아니고, 퇴근길에도 눈이 내리면 아빠는 엄마에게 그런 장난을 치셨다. 그리고 엄마가 돌아가신 날, 눈이 내렸다. 그 후 아빠가 눈으로 장난을 치시는 걸 본 적이 없다. 장난칠 대상이 없어졌기 때문일까.

즐거운 눈과 슬픈 눈.

■

2020. 02. 13.

어제 본 영화 〈윤희에게〉가 나의 무의식에 충격을 주었나 보다. 간밤에 꿈을 꾸었는데, 영화 속 상황처럼 엄마와 나 둘이서 살아가는 내용이었다. 처음엔 꿈인지도 모르고 꿈을 꾸었다. 깨어날 때가 되어서야 '엄마 돌아가셨는데…. 아빠는 어디 계시지?' 하는 생각이 들었다. 잠에서 깨 이게 꿈인지 현실인지 파악하느라 고민하다 다시 잠이 들었고 알람소리에 일어나 엄마 생각을 하다 또다시 잠이 들었다. 자다 깼다를 반복했다. 몇 번을 그렇게 반복했다. 그러고 나니 몽롱하고 정신이 없었다. 애매한 잠은 안 자느니만 못하다.

그래도 요즘은 꿈을 꾸는 일이 즐겁다. 뭐가 나올지 모르는 장난감 초콜릿 포장지를 뜯는 기분이다. 이렇게 가끔 꾸는 엄마 꿈이 기대된다.

■

2020. 03. 09.

어제는 엄마의 생신이었다. 아빠가 챙기시는지, 동생이 챙기는지 누가 먼저 챙겼는지 알 수 없지만, 목요일쯤 동생이 나에게 알려줬다. 일요일에 엄마 생신이니, 엄마에게 다녀올 거라고.

나는 아빠가 안 계신 틈을 타 조심히 S에게 얘기했다. "나는 봉안당에 가는 게 별 의미가 없는 것 같아. 어차피 엄마는 거기 안 계시고 마음속에 계신 거 아닌가?" 그 말에 S는 침착하게 "나는 거기 가면 엄마 생각을 좀 더 하게 되는 것 같아"라고 했다. 누구의 말이 더 옳다는 언쟁이나 다툼은 없었고, 그저 "그렇다고 내가 일요일에 안 가겠다는 건 아니야"로 대화는 마무리됐다.

속이 좋지 않으신 할머니는 집에 계시고 나, 아빠, S와 엄마 남매의 막내인 외삼촌과 함께 봉안당에 갔다. 우울하고 슬픈 분위기는 아니었다. 다들 속으로는 슬퍼하고 있겠지만 크게 슬퍼하는 모습은 보이지 않았고, 즐거운 이야기와 함께 엄마를 추억하고 내려왔다. 내려와서 밥을 먹는데, 아빠랑 외삼촌은 번갈아 혹은 함께 담배를 태우러 가셨다. 아빠가 자리를 비우셨을 때 외삼촌은 우리에게 "너희는 이제 좀 괜찮아졌니? 괜찮지?"라고 하셨다. S는 대답했고, 나는 그냥 끄덕거렸다. '저는 아직도 안 괜찮아요'라는 말은 속으로만 했다.

외삼촌은 엄마에게 상당히 많이 의지하셨다며 아직도 잘 믿기지 않을 때가 있고, 마치 엊그제 일 같다는 얘기를 하셨다. '외삼촌, 저도 그래요.'

아빠가 돌아오셔서 다시 일상적인 이야기를 했다. 아마 아빠와 이런 이야기를 나누면 분위기가 무거워질 거라 생각하셔서 피하신 것 같다. 그리고 집에 돌아오고 싶어 하는 나의 의견을 뒤로하고 우리는 볼링을 치고, 당구를 치고, 회에 소주까지 먹고 돌아왔다. 나름 생일을 즐긴 건지도 모르겠다. 긴 하루 동안 나는 종종 가족들의 웃음에 함께 공감하지 못했다. 웃다 보면 내가 분위기를 위해 억지로 웃는다고 느껴졌다. 안면근육이 아플 때도 있었다. 그래도 아빠와 외삼촌이 좋아하셔서 다행이다. 그걸로 충분하다.

횟집에서 한 번 더, 아빠가 자리를 비우셨다. 외삼촌은 그런 얘기를 하셨다. 엄마는 우리에게 너무 많이, 그리고 우리만큼은 아니어도 다른 가족들까지 신경 쓰느라 당신을 잘 돌보지 못한 것 같다고. 그 말에 완벽히 공감한다. 엄마는 그런 분이셨다. 과연, 엄마는 행복하셨을까. 엄마도 이렇게 될 줄은 모르셨겠지. 엄마는 뒤통수 맞은 기분이었겠지.

적어도 나는 슬프다. 이런 걸 바란 게 아니었는데.

*

평소 TV를 즐겨보지는 않지만 집에서 밥을 먹을 땐 TV를 켜고 채널을 이리저리 돌린다. 그저께는 영화 〈어바웃타임〉을 틀었다가 할머니가 재미없어하셔서 앞부분을 조금 보다 말았다. 잠깐 본 것이긴 하지만, 오랜만에 다시 보니 대사가 새롭게 들렸다. 나의 상황이 예전과 달라서일까. 영화에서 아버지는 아들에게 인생에서 간절히 얻고 싶은 것을 위해 시간 능력을 쓰라고 한다. 아들은 본인에게 그건 사랑이라고 하고 사랑을 얻기 위해 시간 능력을 쓴다.

나도 저런 능력이 있다면, 언제 어디로 되돌아가면 좋을까. 이런저런 잘못을 되돌릴 시간으로 돌아가야지 싶다가도 그보다 더 전으로 돌려 엄마가 계신 시간으로 돌아가고 싶기도 하다. 지금 생각해보면 엄마가 계실 때로 돌아가면 우리 가족 모두 또 힘들겠지만, 그래도 돌아가고 싶다. 한 번 더 엄마를 만져보고 싶다.

*

또 다른 사진집을 내고자 컴퓨터와 스마트폰의 사진들을 뒤적였다. 옛 사진들을 보고 있으면 익숙해서 지겨운 사진도 있고, 새롭게 보이는 사진도 있다. 옥상의 식물을 돌보시는 엄마가 찍힌 사진을 보았다. 자주 입으시던 상의와 항상 입으시던 검정에 파란 꽃무늬가 있는 프릴 롱스커트를 입고 계셨다.

다음 사진은 엄마 몸의 굴곡이 좀 더 잘 와닿게 찍혀있었다. 그 모습을 보니 엄마를 안을 때 어떤 느낌이었는지 조금 떠올랐다. 최근에 엄마를 떠올리려 하면, 조금 희미해진 모습이 떠오르는 듯했다. 이렇게 엄마를 잊지 않으려고, 최대한 기억하려 노력해도 조금씩 희미해지겠지. 과연 마지막까지 남는 기억은 촉각일까, 청각일까, 후각일까, 시각일까? 아니면 따뜻한 마음일까?

영화나 드라마에는 종종 두고 온 가족들을 그리워하는 캐릭터가 등장한다. 그리고 가족사진이 한 장도 없는 설정을 부여받은 캐릭터들은 아무리 생각해도 가족의 모습이 떠오르지 않는다는 얘기를 하기도 한다. 얼마나 슬플까? 기억하고 싶은데 뇌가 도와주지 않는다는 것은…. 뇌는 알고 있지만 나를 위해 기억을 꺼내주지 않는 것일까, 갖고 있는지도 모르는 것일까, 이미 잃어버린 것일까?

■

2020.11.06.

엄마와의 추억이 있는 물건들이 점점 버려진다. 도마, 습도계, 청소기, 빨래건조대 같은 것들.

영원히 쓸 수 있는 물건은 없기에 버려지는 걸 막을 수 없다는 것을 안다. 그렇다고 아쉬워도 어쩔 수 없다고 생각할 수가 없다. 다른 가족들도 다들 아쉬워하려나. 나만 유독 심한 건가. 나도 아무렇지 않은 척, 새 물건에 자리를 내어주고 있던 물건을 내다 버린다. 그리고 몰래몰래 사진을 찍어둔다. 앞에서 한 장, 옆에서도 한 장, 위에서도 한 장. 사진을 찍어두면 조금은 아쉬움이 덜할까 싶어 일단 찍어둔다. 이걸로 뭘 할지는 모르겠다. 글을 쓰다 보면 내가 왜 사진으로 남기려는지, 그 이유가 슬그머니 떠오를 줄 알았는데…. 아직도 잘 모르겠다.

■

2020. 11. 15.

엄마와의 대화, 엄마를 떠올리게 하는 것들이 있다. 그런 것들을 보고 듣고 생각할 때마다, 나는 바닥이 얼마나 깊은지 알 수 없는 바다에 떠있는 기분이었다. 내가 바다에 떠있었단 걸 알게 된 이후로, 가만히 있으면 바다에 먹혀버릴 것 같았다. 살고 싶어 허우적댔다. 깊은 바다에서 내 마음이 흔들릴 때마다 허우적대며 현실을 다시 붙잡으려 애썼다. 현실로 돌아와 살았다고 안심하기도 했고, 다시 바다에 빠진 것 같은 기분이 들면 보고 듣고 생각한 것을 외면하기도 했다.

그래도 요즘은 깊은 물에 빠진 듯 허우적대다가도, 조금만 내려가면 발이 닿는 곳이 있다는 것을 알고 있다. 사실 이 바다는 발이 닿을 정도로 얕은데, 깊다고 생각한 내가 혼자 허우적댄 것인가 생각하기도 한다. 하지만 아직 맘 놓고 내려갈 용기가 없다.

이 글들을 다 정리하고 나면, 내가 다시 해변으로 걸어 나올 수 있을지 궁금하다. 기대하면 실망할까 봐 기대는 하지 않으려고 한다.

■

2020. 12. 16.

양말 긴 거.
감자. 고구마.
콩나물 국밥.

노란색 포스트잇에 적힌 알 수 없는 메모. 3년이 넘는 시간 동안 내 스마트폰의 잠금 화면은 항상 같았다. 언제부터였는지 정확히 기억이 나지 않는다. 엄마가 요양원에서 사다 달라고 하신 것을 잊지 않기 위해서 적은 것이었으니, 아마 17년 여름 즈음 적어놓은 거겠지?

콩나물 국밥은 사다 드렸고, 양말 긴 거는 수면양말로 갖다드렸다. 감자와 고구마는 사다 드리지 못했다. 그때 못 사다 드린 게 아쉬워 엄마가 돌아가시고 나서도 계속 같은 화면으로 두었다. 이걸 계속 보고 기억하는 것이 엄마에게 미안한 마음을 잊지 않는 길이라고 생각했다. 주변 사람들은 이 메모를 보고 뭐 이렇게 악필이라는 둥, 이걸 왜 아직도 해놓고 있냐는 둥 물었지만 대답하고 싶지 않아 매번 딴소리만 했다.

상담을 시작한 올해, 어쩌다 보니 상담 선생님에게 이 이야기를 하게 되었다. 아마 내가 엄마에게 가진 죄책감과 미안함에 대해 이야기하다가 여기까지 흘러오게 되었던 것 같다. 선생님은 내게, 엄마는 내가 미안해하는 걸 바라지 않으실 것이며 하나도 안 서운해하실 것이라고 말씀해주셨다. 그때는 그 말이 마음에 와닿지 않았다. 무슨 말인지는 알지만 속으로는 '그래도 미안한 걸….' 하는 마음이 있었다. 시간이 지나 엄마가 아프신 후로 적은 메모들을 하나하나 정리하는 동안 잊고 있던 것을 발견할 수 있었다. 엄마가 아플 당시에 내게 미안하다고 자주 말씀하셨는데, 그때의 나는 '엄마가 미안해하실 일이 아닌데, 난 정말 괜찮은데'라는 생각을 적어놨다. 그걸 보고 나니 상담 선생님이 해주신 말을 좀 더 품을 수 있었다. 내가 그랬듯, 엄마도 내게 괜찮다 하시겠지. 그 후로 조금 더 괜찮아졌다.

엄마의 세 번째 기일이 돌아오고 있을 즈음, 스마트폰 잠금 화면을 보다가 이제 다른 사진을 보고 싶었다. 어떻게 글로 적어야 그 느낌을 표현할 수 있을지 모르겠지만, 생각이 떠오르고 나서 내가 그런 생각을 했다는 사실을 깨닫고 놀랐다. 옛날에 부모님이 돌아가시면 삼년상을 치렀던 게 다 이유가 있었구나 싶었다. 적어도 3년은 지나야 조금 괜찮아지니까, 3년 동안 슬퍼하는 시간을 가졌던 게 아닐까.

어제는 엄마의 세 번째 기일이었다. 낮에 엄마에게 가서 나는 이제 괜찮아지고 있다고 말하고 왔다. 그러니 이제 걱정하지 마시라고. 그리고 잠금 화면을 바꿨다. 딱히 바꾸고 싶은 사진도, 맘에 드는 사진도 없었다. 군복무 내내 미용실을 안 가다가 전역 후 오랜만에 미용실에 갔을 때, 어떻게 잘라달라고 해야 할지 떠오르지 않았던 기분과 비슷했다. 그래도 바꾸긴 했다. 어떻게든 자르고 나왔던 당시의 머리 스타일처럼. 하지만 홈 화면의 엄마 사진은 아직 그대로다. 엄마가 퇴직하시기 전, 나에게 보내주신 마지막 셀카. 흔들렸어도, 처음 찍는 셀카에 표정이 어색해도, 사랑스럽고 보고 싶은 엄마. 이건 아직 못 바꾸겠다.

■

2021.01.15.

3월부터 시작해서 오늘, 9월 초의 글을 정리하고 있으니 대략 6개월 치의 기록을 정리했다. 글을 정리하기 전까지, 엄마가 아프실 때의 기억은 내 머릿속에서 헝클어진 실뭉치 같았다. 그래서 어떤 일들이 있었는지 기억은 하고 있지만, 전후 관계를 제대로 파악하지 못했다. 엄마의 아픔을 제대로 바라보지 못했던 것 같다. 그럼에도 불구하고 최근 몇 개월간 당시의 글을 써오면서 생각보다 잘 넘어간다는 불안감이 있었다. 잘 넘어간다 해서 힘든 기억이 쉬워지는 것은 아니지만, 정말 힘들었던 기억들은 떠오르지 않았다. 힘든 기억 중에도 유독 힘든 기억들이 있는데, 그런 것들이 도대체 언제 떠오르는 것인가 생각했으며, 그때까지 벌어진 일들의 순서를 파악하며 내가 알고 있었던 것 중에 잘못 기억한 게 많다는 것을 깨달았다. 그러다 갑자기 어제 정리해야 할 부분의 메모가 크게 다가왔다.

엄마의 전화,

아빠의 눈물, 놀람
나의 눈물, 소독약으로 손만

수술실에서 웃던 놈들

엄마는 중환자실이 무섭다고 하셨다.

중환자실은 눈 감은 자들의 방

잠이 안 왔다. 누군가와 얘기하고 싶었는데 전화할 사람이 없었어.
그런데 생각해보니 내가 그냥 말하고 싶은데 말하기 싫었던 거였다.

엄마한테 전화하고 싶었다.

대략 이렇게 메모해두었지만, 이때가 언제인지 알 수 있었다. 엄마가 호흡곤란으로 응급실에 실려 가셨고, 응급실에서 급하게 처치 수술을 해야 했던 날이다. 사실 글을 쓰는 지금도 기억의 혼동이 있다. 엊그제 글까지는 엄마가 S병원에 계셨는데, 이 기억은 분명 Y병원이고, 그사이 어떤 일이 있어서 Y병원으로 옮기셨는지 기억이 나지 않는다. 이후의 메모를 살펴보아도 날짜가 잘못된 건지 기억이 잘못된 건지 알 수 없다. 가족들에게 묻기도 좀 어렵고.

오늘도 이날의 정리는 내일로 미룬다. 그래도 되겠지.

■

2021.02.22.

써놓은 글들을 몰아서 정리하고 있다. 예정했던 시간보다 훨씬 앞당겨서 쓰고 있다. 오늘은 엄마가 돌아가신 후 학교를 다시 다니고, 졸업작품전을 준비하던 시기의 글을 쓴다. 글을 쓰려고 당시에 적어놓은 메모들을 보고 있으면 그때의 내 모습에 마음이 아프다. 내가 쓴 글이라 그런지, 당시의 감정이나 생각이 떠올라서 당시의 나를 안아주고 싶다. 얼마나 힘들었을까, 나.

엄마가 아프실 때, 지나간 날들이 아무렇지 않게 느껴질 만큼 하루하루 점점 나빠졌다면, 지금은 하루하루 지날수록 나아지고 있음을 느낀다. 한 달 전은 일 년 전보다 덜 힘들고, 지난주보다 오늘이 덜 힘들다. 자라나는 걸 눈에 담고자 열심히 쳐다봐도 그대로인 것 같았던 작은 나무는 눈 감았다 뜨니 어느새 잔뜩 자라나 있다.

■

에필로그

엄마와 관련된 기록을 정리하는 작업을 마무리했다. 한 주제로 기록한 메모들을 글로 정리한 것은 이번이 처음이다. 엄마가 아프셨을 때만 기록을 한 것은 아니고 유럽과 미국, 일본에 갔을 때도 모두 기록을 했다. 여행에서의 기록은 신기하게도 비슷한 양상을 보였다. 여행의 절반까지는 열심히 노트에 기록하다가 대략 절반이 지나고 나서부터는 귀찮았거나 혹은 급했는지 메모장에만 간단히 기록했다. 그래도 사진은 어디서나 꼭 찍었다. 반드시 기억하고 싶었던 것들인데 현실이 바쁘다는 핑계로 돌아보는 작업을 하지 않았다. 그러나 엄마와 관련된 글은 그렇게 할 수 없었다. 다른 기록들은 기록을 마친 이후의 삶이 바쁘다는 핑계가 있었지만, 엄마가 돌아가시고 나서부터는 현실을 바쁘게 살아도 제대로 살아가는 느낌이 들지 않았다. 당시에는 제대로 살고 있다고 생각했지만 나는 그저 살아가고만 있었다.

일단 살아가고 있었기에 무엇이 문제인지 짚어낼 수 없었다. 슬픔에 빠진 기간이 점점 길어지고 무뎌지다 보니, 괜찮아졌다는 생각을 하게 되었다. 혹은 자극적인 것들을 통해 내면의 허전함을 덮어버리면 허전함이 채워진 것처럼 보였다. 가끔 텅 빈 듯이 살아가는 기분이 심해져 이렇게 살아가도 괜찮은지, 이렇게 살다 보면 정상적으로 살 수 없겠다는 생각이 들어 무너질 뻔하기도 했다. 그러나 아무렇지 않은 척하려는 나의 관성으로 또 금방 멀쩡한 척할 수 있었다. 겉으로는 멀쩡한 것처럼 살 수 있었다. 나조차도 속여가면서.

그렇지만 멀쩡한 척도 더는 통하지 않을 때가 있었다. 외면하고 있던 엄마에 대한 슬픔이 우울로 나를 덮쳤다. 그제야 내게 문제가 있다는 것을 깨닫고 문제를 제대로 바라보기 시작했다. 문제를 인지하고 나서야 어떻게 해결해야 할지 고민이 됐다. 친구의 추천으로 상담센터에서 상담을 받았다. (그 친구가 힘든 시간을 보낼 때 내가 그 친구에게 상담을 추천했었는데, 정작 상담이 필요한 건 나였다.)

10회 가량의 상담을 받으면서 조금씩 괜찮아졌다. 상담을 처음 받을 때는 잘 몰랐는데 다 끝나고 나니 큰 도움이 되었던 것 같다. 그저 대화를 나누는 것만으로도 나아질 수 있다는 것이 신기했다. 내가 생각한 상담은 조용한 방에 앉아 커다란 교수님 책상 같은 곳에 앉은 상담 선생님의 질문에 대답하는 것이었는데 선생님은 매 회차마다 나에게 무엇을 이야기하고 싶은지 물어보셨다. 나의 첫마

디는 항상 "음…"이었다. 그래도 상담을 하면 할수록 점점 더 이야기를 풀어나갈 수 있었다. 이 이야기를 하면, 저 이야기를 해야 했다. 내 마음속 크고 작은 이야기들은 모두 연결되어 있었다.

상담이 후반부를 향해 갈 즈음 컨셉진에서 100일 글쓰기 프로젝트의 신청자를 모집했다. 하루 500원에 해당하는 보증금이 걸려있고 (미리 입금한 내 돈이다.) 하루도 빠지지 않고 글을 쓰면 보증금을 돌려주는 동시에 선발을 통해 출판도 지원한다고 했다. 출판 지원의 경우 1명이라고 해서 큰 기대를 하지 않았다. 그저 쌓여있는 기록들을 정리해볼 기회로 삼고자 했다.

글을 쓰는 동안 지난날의 아픔을 돌아볼 수 있었다. 내 아픔은 원인을 돌아보면 나아질 수 있는 것이었다. 불확실한 기억을 뒤적거리며 힘든 기억과 마주하는 것이 두려웠는데, 확실하게 적어놓은 글을 보며 흩어진 기억을 정리하는 것은 아픔을 치유하는 데 큰 도움이 되었다. 상담을 하며 머리로만 이해했던 일들을 글로 정리하며 좀 더 받아들일 수 있었다. 글을 다 쓴 지금, 예전에 비해 환골탈태하듯 눈에 띄게 달라진 점은 없다. 다만 좀 덜 흔들리고 슬픔에 빠져도 덜 깊이 빠져든다. 글을 쓰기 잘했다고 생각한다.

처음에는 가족들과 함께 그 시간을 돌아보기 위해 메모와 사진을 남겼던 것인데, 엄마가 돌아가시고 나니 가족들에게 보여주기가 무서웠다. 가족들은 괜찮아지고 있는데, 다시 슬픈 기억을 꺼내도 될까 싶었다. 그래서 글을 쓰는 동안 가족들에게 보여주지 않았다. 나를 위해 쓰기로 했다. 보여주는 것은 다 쓰고 나서 결정해도 괜찮으니까.

이제는 보여주고 싶다. 가족들에게 먼저 보여주고, 아플 때 도와줬던 사람들에게도 보여주려고 한다. 소중한 누군가를 맘속에 담고 있는 사람들에게도 보여주고 싶다. 정리하다 보니 누구든 소중한 사람이 있다면 당시의 나와 같은 마음일 것 같았다. 꼭 가족이 아니어도, 읽다 보면 떠오르는 얼굴이 있지 않을까? 언제 누가 마주해도 당황할 수밖에 없는 일들을 마주했을 때 나는 남은 시간을 알 수 없었고 끊임없는 선택을 해야만 했다. 선택을 하다 보니 어느새 끝이 와있었다. 나는 엄마가 아프시고 나서야 이전의 삶을 돌아봤고, 하늘나라로 가신 뒤에는 후회가 많았기에, 이 글을 읽는 사람들은 하루라도 더 빨리 소중한 사람들과 행복해지면 좋겠다.

양말 긴 거, 감자, 고구마, 콩나물 국밥

초판 1쇄 발행 2021년 12월 8일

지은이 황민혁
펴낸이 김경희
편집 강수지
디자인 이가윤
펴낸곳 컨셉진
출판등록 2016년 2월 1일 제2016-000032호
주소 서울시 마포구 성지길 25, 보광빌딩 4층
홈페이지 www.missioncamp.kr
메일 contact@conceptzine.co.kr

저작권자 황민혁
ISBN 979-11-976710-0-5 [03810]